"中国新闻学丛书"编辑委员会

顾　问：柳斌杰　南振中

主　任：李　彬　赵月枝

委　员：（按姓氏笔画顺序排序）
　　　　王君超　王润泽　王维佳　王鹏飞　史安斌　吕新雨
　　　　李　珮　李　彬　李希光　杨萌芽　吴　玫　吴　靖
　　　　张　垒　张　桐　赵月枝　胡　钰　俞　凡　洪　宇
　　　　程曼丽

"中国新闻学丛书"出版委员会

主　任：杨国安　杨萌芽

委　员：（按姓氏笔画顺序排序）
　　　　马　龙　王鹏飞　纪庆芳　杨　波　杨国安　杨萌芽
　　　　陈建恩　郑　鑫　胡玲霞　姜　畅　谌洪波　薛建立

BAIJIA JIZHE ZENYANG LIANCHENG

百佳记者怎样炼成

宋逊风 著

河南大学出版社
HENAN UNIVERSITY PRESS

·郑州·

图书在版编目（CIP）数据

百佳记者怎样炼成 / 宋逊风著 . -- 郑州：河南大学出版社 , 2023.6
ISBN 978-7-5649-5527-4

Ⅰ.①百… Ⅱ.①宋… Ⅲ.①记者 - 新闻工作 - 研究 - 中国 Ⅳ.① G214.2

中国国家版本馆 CIP 数据核字 (2023) 第 110836 号

责任编辑	郑　鑫	
责任校对	董庆超　胡玲霞	
装帧设计	翟淼淼　高枫叶	

出版发行	河南大学出版社
	地址：郑州市郑东新区商务外环中华大厦2401号　邮　编：450046
	电话：0371-86059715（高等教育与职业教育出版分社）
	0371-86059701（营销部）
	网址：hupress.henu.edu.cn
排　版	河南大学出版社设计排版部
印　刷	河南瑞之光印刷股份有限公司
经　销	全国新华书店
版　次	2023年6月第1版
开　本	710 mm×1010 mm　1/16
字　数	235千字
印　次	2023年6月第1次印刷
印　张	13
定　价	42.00 元

（本书如有印装质量问题，请与河南大学出版社联系调换。）

总序：新时代　新征程　新闻学　新探索

李　彬　赵月枝

中国共产党成立一百年前夕，酝酿有年的"中国新闻学丛书"开始问世。"中国新闻学"自然指立足于中国的新闻学，它离不开中华民族5000多年源远流长的文明史、中国人民近代以来180余年屡挫屡奋的斗争史、中华人民共和国70多年正道沧桑的发展史，以及其中蔚为大观的新闻与传播实践史，包括新闻学与传播学的学术传统。同时，由于主流传统同马克思主义道统水乳交融，中国新闻学又始终心系天下，关注人类命运共同体及其新闻传播实践，离不开《国际歌》寄寓的国际主义情怀——"英特纳雄耐尔"（international）。充分展现这些学术内涵，乃是这套丛书的学术工作任务，而非一篇总序所能应对的。而说明丛书的缘起，至少可以彰显"中国新闻学"的立意与定位。

早在2002年，范敬宜甫任清华大学新闻与传播学院首任院长之际，高瞻远瞩，身体力行，积极倡导以马克思主义为指导，建设具有"中国特色、中国气派、中国作风"的新闻学及其学科体系与教育体系，一时影响广泛。2008年，由于金融危机爆发以及全球资本主义体系性危机进一步加重，"马克思归来"日益成为汇聚中外前沿学术思想的时代强音，而如何赓续中国新闻学的马克思主义中国化传统，进而创新网络时代的马克思主义新闻学，愈发成为中国新闻学人迫在眉睫的时代使命。

党的十八大后，随着新时代的气息春风徐来，新闻学也迎来前所未有的良机。2016年，习近平主持召开哲学社会科学工作座谈会并发表讲话，强调加快构建中国特色哲学社会科学及其学科体系、学术体系和话语体系，并重点建设具有"支撑作用"的学科（其中引人注目地提到了新闻学），令人倍感鼓舞。

为了响应新时代召唤，中信改革发展研究基金会（后面简称"中信基金会"）于2014年成立，聚集了一批各学科守正创新的一流学者，致力于推进中国特色、中国气派、中国风格的哲学社会科学建设。2017年，中国特色新闻学研究会在清华成立伊始，就与中信基金会密切合作，举办了首届"中国特色新闻学高级研讨班"。其间，我们同来自五湖四海的青年学者一起，从不忘本来、吸收外来、面向未来的视角畅谈了理论逻辑与历史逻辑有机统一、普遍意义与中国特色若合一契的中国新闻学构想。

在此基础上，中信基金会将"中国新闻学丛书"作为重点研究项目列入基金会工作计划。之所以亮出"中国"的旗号，当然不是也不可能是"囊括四海，并吞八荒"，而只是凸显梁启超所谓"中国之中国、亚洲之中国、世界之中国"的历史意识，表明更自觉地面向中国实践、更深入地扎根中国大地、更自信地践行中国道路的学术追求，也就是中信基金会的三句宗旨——坚持实事求是、践行中国道路、发展中国学派。

——坚持实事求是。丛书作者术有专攻，论著也是各抱地势，但无论是深入历史，还是透视现实；无论是穷究学理，还是钻研实务：无不遵循实事求是的治学精神，如一代马克思主义新闻学家甘惜分晚年希冀的"立足中国土，请教马克思"。

——践行中国道路。坚持实事求是为的是践行中国道路，正如解释世界为的是改变世界。何谓中国道路？一句话，就是中国共产党领导的革命、建设、改革所开辟的道路。而这条道路的灵魂在于社会主义，即习近平所言，中国特色社会主义不是别的什么主义而是社会主义。中国新闻学说到底也是为社会主义新闻业立魂，立言，立心。

——发展中国学派。随着中国道路日渐开阔，文化自觉与学术自觉日益醒悟，中国学派也呼之欲出。事实上，近代以来，特别是新中国成立70多年以来，中国新闻学已经取得长足进展，从梁启超到邵飘萍，从邹韬奋到范长江，从邓拓到穆青，从延安窑洞人民广播的手摇发电机到数字时代融媒体，一代代中国记者以及学者以其辛勤耕耘和开创性工作奉献了无数心血和智慧，也为中国新闻学及其学派奠定了厚实基础。现在的关键在于我辈是否具有足够自信，摆脱制约中国新闻学想象力与创造力的"学术殖民"心态，用中信基金会理事长孔丹的话说，将"他信"变为"自信"，将著书立说的立足点从"彼岸"转到"此岸"。

19世纪初，西方文脉俨然在欧陆，德国柏林洪堡大学等更是文化圣城，吸引着东西南北的欧美知识精英，而在立国不过六十多年的美国，哈佛文人R. W.爱默生（Ralph Waldo Emerson）却提出了美国文化走自己路的主张，发表了美国文化的独立宣言《美国学者》（"American Scholar"）。如今，经过建设和改革开放锻造的中华人民共和国，已经进入建设中国特色社会主义的新时代，发展中国学派以审视中国经验、提炼中国理论、贡献中国方案，更可谓名正言顺、水到渠成。

2019年立春时节，河南大学新闻与传播学院与河南大学出版社同意，将这套丛书纳入河南大学献礼中华人民共和国成立70周年的重点图书。河南，向称中原，数千年来一直被视为中华文明的腹心，一句"逐鹿中原"总能激荡人心。而河南大学又是百年名校，文脉悠长，俊采星驰，校友中就包括一代中国名记者邓拓。"中国新闻学丛书"能够落户河南大学，也是得其所哉。

大鹏之动，非一羽之轻也；骐骥之速，非一足之力也。十多年来，我们一直勉力耕耘，与各方有生力量一道推进中国特色、中国气派、中国风格的新闻学建设，这套丛书就是一批阶段性成果。我们深知，无论是中国特色社会主义事业，还是中国特色社会主义学术事业，都不可能一蹴而就，也不可能仅凭少数人埋头苦干就获得成功，而需要持之以恒的扎实工作，更需要一批又一批、一代又一代的中国学者共襄此举。

2022年6月

李　彬，清华大学新闻与传播学院教授，河南大学黄河学者（2013～2018）

赵月枝，清华大学人文讲席教授，加拿大皇家学会院士

序一

王润泽

欣闻宋逊风老师的大作"中国新闻学丛书"之一的《百佳记者怎样炼成》即将出版，真心替宋老师感到高兴。宋老师嘱我为其新作作序，我非常荣幸。

我和宋老师相识在2013年。那年，我在中国人民大学开设了"新闻界人物口述历史工作坊"后，带着一批学生采访了20多位中国主流媒体的名记者，钟沛璋、王强华、宋逊风、刘万永等都在被采访之列。我就是在那年的采访中结识宋逊风老师的，随后我和他一直保持联系和交流。

在采访宋老师的过程中，"新闻界人物口述历史工作坊"的同学们对宋老师"善抢新闻，超前报道"的独特风格印象最深刻。大家问："如何可能？如何做呢？"宋老师肯定地回答："可能而且可行。理由是：中央的政令是集中代表广大人民的利益、反映广大人民的意愿的，中央与人民是休戚与共、息息相通的。方法是：要深入到社会基层，调查了解广大群众最急需解决的问题、最强烈的愿望及呼声是什么，记者就去采访什么，那么采写出来的新闻报道就会成为中央即将出台的新政令的'超前报道'。要求：一是要有坚持党性原则、实事求是的勇气；二是要有'不入虎穴，焉得虎子'的深入调研的作风；三是要有高度的新闻敏感性和'于无声处听惊雷'的预见性。"

宋逊风老师采写新闻所具有的敏感性、预见性，及坚持实事求是、深入基层调研的作风，对今天的主流媒体记者非常有启发和借鉴意义。

关于对宋老师的采访，还有一个真实的情节让我记忆犹新，我常在课堂上给学生讲述。在互联网诞生前，很多大报社都有一个群工部，是读者和编辑部之间书信交流的纽带。宋逊风老师担任《农民日报》群工部主任期间，一有空就在报社群工部编辑室里翻看来信来稿。1996年6月初的一天，他在数百封被扔掉的来信来稿里发现了江苏省睢宁县一名普通农村妇女的来信。她说平日她对父亲很孝敬，父亲因病去世后，她觉得应该简办丧事，但亲戚朋友都不理解她，还指责她丧尽天良，对父母不孝。

宋老师敏感地意识到这是一个重大的问题，于是他连夜根据来信撰写了一则新闻消息《简办丧事反遭打击围攻　农家女投书本报讨公道》，并亲自配写了一篇评论，题目是《何为孝敬　何应谴责——"如何为'厚养薄葬'营造良好社会环境"讨论开篇话》，于1996年6月3日在《农民日报》头版头条刊发。见报当天，中央电视台、中央人民广播电台予以全文转播。这则消息和这篇评论在全国引起强烈反响，各地有关部门的领导、专家学者及城乡广大群众纷纷来信来稿，积极响应移风易俗，提倡厚养薄葬。

那名写信的农村妇女后来成为被表彰的模范，成为江苏省一个践行"厚养薄葬，破旧俗立新风"的典型。宋逊风老师撰写的消息、评论及其引发的长达4个月共11期的大讨论，成为当时精神文明建设的重要内容，受到中央宣传部的表扬并荣获"中国新闻奖"，被纳入当代新闻史的典型案例。这件事体现了一个记者高度的敏感性和强烈的责任心。

新闻是特定时空的产物，有共性，更有每个国家和民族不同时代的个性。这种个性可以通过新闻关注的内容、新闻生产的过程等表现出来。来自一线记者内心对新闻价值的判断就是其中最敏感的部分。它会不经意地流露出新闻生产者对新闻诞生过程中每一个事实的发现、每一种价值的认知……于我，这是新闻业值得探索之处。而新闻记者的口述历史访问，则很好地提供了研究此类问题的路径。"新闻界人物口述历史工作坊"坚持了多年，它珍藏的口述历史材料，不仅生动地展现了新中国成立前后中国新闻事业业务和理念发展的脉络，更显示出了新闻从业者与新闻事业的共同成长和完善，以及二者与国家命运的紧密联系。

宋逊风老师的新闻从业经历就是这样的历史缩影。深受前辈感念教育的学子们现今已经在各大媒体工作着，希望他们还能记住采访的诸多先辈感动他们的点点滴滴。

2004年宋逊风老师从农民日报社退休，后又被返聘了十年之久，目前虽已离开工作岗位，但依然笔耕不辍。今天呈现出来的这部新作，就是首届"全国百佳新闻工作者"宋逊风老师多年从事新闻事业留下的宝贵财富。

宋逊风老师的这部新作，不仅有对荣获"中国新闻奖"等奖项的重要新闻报道诞生过程的细致梳理，而且有他在实践经验的基础上提炼出的值得遵循的规律和可操作的采写技法。常言道："自学三年，不如名师一点。"老师从实践中总结提炼出来的经验和技法，学生将其应用到实践中往往会更适用、更有效。

我相信宋逊风老师这部《百佳记者怎样炼成》新作，一定会对年轻的同行和新闻学子有非常大的借鉴意义和学习价值。

是为序。

2023年4月于北京阅园

作者系中国人民大学新闻学院副院长、教授、博士生导师，中国新闻史学会会长，教育部"长江学者"特聘教授

序二：心中若容沟壑，笔下方汇江河

宋逊风

"心中若容沟壑，笔下方汇江河"这句诗原意是说写作者如果心中能够容纳山沟山谷，那么笔下就能汇聚大江大河。我引用此条件复句式的诗联，借以说明新闻记者要想写出汇聚时代潮流，为党的奋斗目标、人民的权益鼓与呼而推波助澜的好作品，自身需要有容"沟壑"之条件。

1994年时值中华人民共和国成立45周年之际，中共中央宣传部发文决定评选出首届"全国百佳新闻工作者"，即在全国数百万名新闻工作者中评出100个最佳新闻工作者。这是中华人民共和国成立以来第一次，时间跨度45年，参选人员数百万，自下而上逐层投票，评选首届"全国百佳新闻工作者"（其中记者50名，编辑40名，评论员10名）。由于我采写的消息《给六位农科人员的两万元奖金至今未发——吉林省科委主管奖励人员对省领导机关决定拖着不办》获"全国好新闻奖"，消息《"计划"与"市场"打架，乌塑厂卡在门槛——400吨优质农地膜人为积压，厂长问：经济损失谁来负担》及其引发的全国大讨论获"全国社会主义市场经济新闻奖"，通讯《农民抢剧团》获"中国新闻奖"，我被所在党委评选为"优秀共产党员"，并被农民日报社评为"先进工作者"，故经报社逐层投票评定我作为唯一的候选人被推荐到首届"全国百佳新闻工作者"评委会，经再次投票，我有幸被评选为首届"全国百佳新闻工作者"。

为了简便起见，本书命名为《百佳记者怎样炼成》，其内容是根据我半个世纪记者生涯中获奖及具有社会影响的新闻作品的采写经验，提炼出新闻写作与采访的规律和方法，借以说明我是怎样锻炼而被评为"百佳记者"的。

此前我曾应邀在武汉大学和中国人民大学的新闻学院以及新闻单位做过"我是怎样成为百佳记者"的讲座，也曾在《中国记者口述录》《新闻学论集》《新闻春秋》刊登过《新闻记者要具备高度的新闻敏感性，要有预见性》《超前报道的认知与实践》《善抢新闻　超前报道》《新闻的矛盾式写作法》等论文。

1995年3月24日中华全国新闻工作者协会主席吴冷西（中）及其他领导王哲仁（右二）、唐非（左一）、李贤德（右一）在北京人民大会堂与宋逊风（左二）合影，共贺宋逊风喜获首届"全国百佳新闻工作者"的殊荣

本书是集我给大学的讲座和发表的获奖新闻作品、新闻学论文之要点，在实践与理论相结合的基础上阐述新闻写作可遵循的规律及可操作的方法技巧，亦蕴括我半个世纪新闻采写生涯中的几条主要"沟壑"。

我引用"心中若容沟壑"此诗句，有两层引申含义：

一是指要具备新闻采写的理论知识、思维方式以及实际操作的方法技巧。

为此，除了学习新闻理论知识，我还通过学习唯物主义认识论，联系采写实践，培养和增强自己的新闻敏感性和预见性，从而总结出"善抢新闻，超前报道"的经验和操作方法技巧。同时，我还学习唯物主义辩证法（毛泽东主席概括为"一分为二"的"两点论"），结合采写实践，总结创立了"新闻的矛盾式写作法"，提出并倡导"中国式的新闻四个W——起、承、转、合"。

二是指要在个人经历的坎坷中砥砺容天下百姓之情怀，树为民代言之志向。

大学毕业，我被分配到风沙干旱的贫困县长岭农村师范教书，入党后调入县委宣传部搞报道，切身体察了农民的劳苦艰辛却缺乏话语权。鉴于此，我立志要为中国农民鼓与呼。当老同学给我介绍对象时，我便声明：我不会在这个县干一辈子，干几年后我要去省新闻单位工作；到省里干几年后，我要去北京中央新闻单位工作。如果我当年未树立为全国农民鼓与呼的宏愿，也就不会调入农民日报社；即使官运降临之际也未动初心，而是心甘情愿做一辈子农民的记者。

本书面向的读者：各地新闻专业的师生，各级党委和政府的新闻局、处、科，以及怀有新闻写作志趣的青年、广大基层新闻宣传通讯报道员。

本书在编辑出版过程中得到清华大学新闻与传播学院李彬院长和中国人民大学新闻学院王润泽院长的热心指导、支持，新华社华盛顿分社社长葛相文先生为我摄影，在此一并表示衷心感谢！

最后，敬请各位读者批评指正，如有宝贵意见可发邮件至13501091089@163.com，望不吝赐教，本人不胜感激。

2023年6月于北京观景阁

目 录

一、"全国百佳新闻工作者"评选的背景及条件 …………… 001

二、坚守人民性初心,攻坚克难鼓与呼 ………………………… 004

三、坚持新闻真实性,经得起党性考验 ………………………… 016

四、坚锐预见性,力求超前报道 ………………………………… 023

五、坚定辩证思维,运用矛盾式写作法 ………………………… 035

六、春秋的笔法 散文的风格 …………………………………… 051

七、居高临下定主题,纵横捭阖写人物 ………………………… 073

八、评论文章的起承转合及写作技法 …………………………… 097

九、创办周刊,助推种业,走向世界 …………………………… 107

十、标新立异,创造创新 ………………………………………… 126

十一、深入基层识真相，身临其境融情景 ……………………… 139

十二、新闻面前均平等，勇为人先抢新闻 ……………………… 157

十三、研读马列著作、毛泽东著作，瞻仰革命圣地 …………… 163

十四、官运降临初心不动，坚守记者使命 ……………………… 175

十五、"今夕是何年？今夕何夕？"
　　——变刻苦奋斗为快乐享受的人生哲学辩证法 …………… 188

一、"全国百佳新闻工作者"评选的背景及条件

1994年中华人民共和国成立45周年,中共中央宣传部发文,决定从新中国成立以来全国数百万名新闻从业人员中评选出首届"全国百佳新闻工作者"。

1995年3月24日宋逊风(前排右三)在北京人民大会堂接受全国人大常委会副委员长布赫(二排中)颁发首届"全国百佳新闻工作者"奖牌、证书

评选目的:培养和造就一批名记者、名编辑、名评论员。

评选基本条件:要求参评者人品、文品俱佳,并多次获得全国新闻奖。

2014年中国人民大学新闻传播学院研究生导师宋逊风（右二）与他所教的研究生蒋勇、罗鑫、焦建（由右至左）

本人基本情况：

在《农民日报》驻吉林省记者站担任站长期间，被所隶属的中共吉林省委农村政策研究室党委评选为"优秀共产党员"。（回良玉同志时任中共吉林省委常委，农村政策研究室主任、党委书记）

个人采写的主要获奖新闻作品及其获奖情况：

消息《给六位农科人员的两万元奖金至今未发——吉林省科委主管奖励人员对省领导机关决定拖着不办》获"全国好新闻奖"（"中国新闻奖"的前身）。

消息《"计划"与"市场"打架，乌塑厂卡在门槛——400吨优质农地膜人为积压，厂长问：经济损失谁来负担》获"全国社会主义市场经济新闻奖"。

通讯《农民抢剧团》获"中国新闻奖"。

消息《简办丧事反遭打击围攻　农家女投书本报讨公道》和短评《何为孝敬　何应谴责——"如何为'厚养薄葬'营造良好社会环境"讨论开篇话》荣获"中国新闻奖"。

"厚养薄葬"系列报道受到中共中央宣传部的重点表扬。

此后,"厚养薄葬"系列报道被收入当代新闻史的典型案例。

个人主创的业绩:

在经济工作方面,首创"种业"概念。

在新闻工作方面,创办《中国种业》《中外种业》周刊,创办《上送件》。

在政策改革方面,促成国家的补贴款由农业部门截留改变为直接补贴到农民手里。

在精神文明方面,首创"厚养薄葬"概念,为营造良好的社会环境助力。

个人主要的著作:

《寻觅》,时代文艺出版社出版的通讯、报告文学个人专集。

《青纱帐的明星》,农村读物出版社出版的通讯、报告文学个人专集。

《他们在改变世界》,新华出版社出版的通讯、报告文学、评论个人专集。

《善抢新闻,超前报道》,刊于《新闻春秋》。

《超前报道的认知与实践》,刊于《新闻学论集》。

《新闻的矛盾式写作法》,刊于《新闻春秋》。

《新闻记者要具备高度的新闻敏感性,要有预见性》,载于《中国记者口述录》一书。

《百佳记者怎样炼成》,系国家出版基金项目"中国新闻学丛书"之一的个人专集。

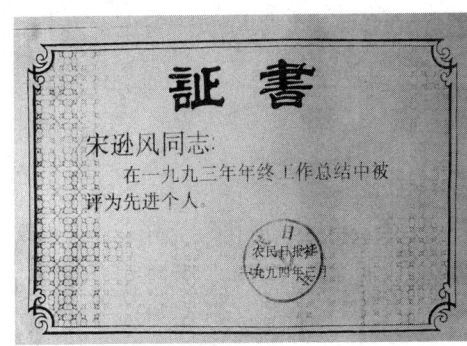 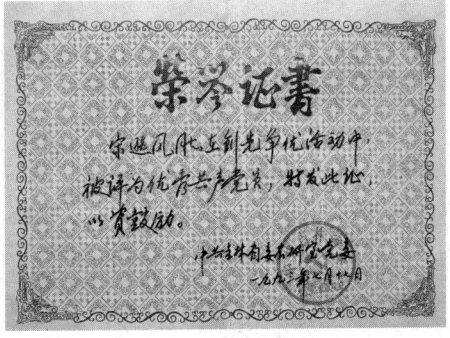

宋逊风所获荣誉证书

二、坚守人民性初心，攻坚克难鼓与呼

马克思早在《莱茵报》编辑部工作时就提出"报刊人民性"的概念，认为报刊应该"生活在人民当中，它真诚地和人民共患难、同甘苦、齐爱憎"。

毛泽东主席早在1945年4月24日《论联合政府》文章中就指出："全心全意地为人民服务，一刻也不脱离群众；一切从人民的利益出发，而不是从个人或小集团的利益出发；向人民负责和向党的领导机关负责的一致性；这些就是我们的出发点。共产党人必须随时准备坚持真理，因为任何真理都是符合于人民利益的；共产党人必须随时准备修正错误，因为任何错误都是不符合于人民利益的。"他还在1943年10月14日《切实执行十大政策》一文中阐述："群众观点是共产党员革命的出发点与归宿。"

毛泽东主席1942年5月2日在《在延安文艺座谈会上的讲话》中指出："要和群众打成一片，就得下决心，经过长期的甚至是痛苦的磨练……就得把自己的思想感情来一个变化，来一番改造。没有这个变化，没有这个改造，什么事情都是做不好的，都是格格不入的。"

习近平总书记于2022年10月16日发表《坚持人民至上》的文章强调说："中国共产党根基在人民、血脉在人民。坚持以人民为中心的发展思想，体现了党的理想信念、性质宗旨、初心使命，也是对党的奋斗历程和实践经验的深刻总结。""无论面临多大挑战和压力，无论付出多大牺牲和代价，这一点都始终不渝、毫不动摇。"10天后，即10月26日习近平总书记到延安市安塞区高桥镇南沟村考察时又一言以蔽之："共产党就是人民的党。"

1949年10月1日中华人民共和国成立，国家的性质是人民的，中央人民政府亦是人民的政府。中共中央、政务院的正门——新华门的影壁上镶嵌着毛泽东主席亲笔题写的五个大字"为人民服务"。这就昭示世人：党和政

府的一切工作人员的宗旨是为人民而工作。毛主席曾告诫我们："共产党就是要奋斗，就是要全心全意为人民服务。"

中央人民广播电台（电视台）、《人民日报》、《农民日报》等媒体亦是人民的媒体。毋庸置疑，为人民而宣传报道是人民媒体责无旁贷的宗旨，亦是每个新闻记者应当怀抱的使命及初心。

新闻记者要想树立为人民大众鼓与呼的初心，首先要将自己的感情融入人民群众的感情之中，通过长时间深入群众的生产、生活培养对群众的感情，日积月累，逐渐增强、加深，同人民群众的思想感情息息相通，这样才会确立为人民鼓与呼的初心。

我出生于长春市，一直在城市读书直到大学毕业。20世纪60年代，党中央提出大学毕业生分配要"四个面向"：面向农村，面向边疆，面向工矿，面向基层。我被分配到吉林省白城地区的长岭县。白城的"白"字是说此地盐碱覆盖，"长岭"是指沙丘连绵不断。当地人说：沙包碱片，风沙不断；一年刮两次风，一次六个月。就连县城都没有柏油路，一下雨就变成"水泥路"。我报到后的第一件事就得到供销社商店里买一双胶皮靴子，否则雨天就得光脚走"水泥路"；还必须走在路中间，不然不小心就可能滑进两旁的深水沟里。

起初，我被分配到远离县城、位于荒草甸子里的师范学校教中文。学校前不着村，后不着店。住的房子是用干土打的墙，碱土抹的房盖，屋里没有床仅有土炕。冬天没有煤取暖，只靠在荒甸子上搂草打柴烧火炕。晚上供电不足，经常停电，因此我经常点油灯备课。当初，我脑子里便时常出现一个很大的问号：在这样的环境怎么能生活下去呢？

我教了五年书以后，填表入党了。县委宣传部发现我在大学主编过报纸并搞过新闻报道，便把我调到宣传部专职搞报道。于是，我就经常下到乡村及农民家里去采访。有一次我到远离乡镇的一位农民家采访，情况谈完我要返回县城，可是长途公交车已经过点，无车了，无奈只好在农民家食宿了。这家有两个孩子，大的是女儿，因为家里无钱供她而小学辍学；小的是儿子，才两岁。吃晚饭时，主人为了招待我这县里的干部，把家养的鸡下的一个鸡蛋打到碗里，怕不够我吃，又掺入一些面粉，给我煎了一盘鸡蛋摆到饭桌上。看着那两岁的男孩眼巴巴地望着那盘煎鸡蛋，我怎么也不肯动筷子。我借口说胃病犯了吃不了油煎的蛋，要了点咸菜拌饭吃了。

晚上睡觉前，我发现主人家的炕席残破不全，男主人把我安排在炕头席子完整处，他和男孩睡在席破的土炕处。那一夜我怎么也睡不着，辗转反侧地想：这样淳朴勤劳的农民祖祖辈辈生活在如此残破的房子里，吃不好，住不暖，供不起孩子上学；而我们住在县城，在挂着"县人民政府"牌子的高楼大院里工作，花着人民给的"俸禄"，如果不为改变贫困农民生活现状而努力工作，就对不起衣食父母、广大农民，就是失职，就愧对县政府牌子上的"人民"二字！

在那个自然条件差、经济发展落后、农民生活贫困的农村我一干就是八年，亲身体察到农民的疾苦，了解到农民眼前的困难和对未来的渴望，深知农民的所思、所想、所盼。同时通过和众多农民的接触，这个群体所富有的勤劳、善良、刻苦、朴实、执着、奉献的精神品格深深感染了我，使我的思想与这个群体相通，感情与这个群体相融，激发了我为农民鼓与呼的勇气，树立了为人民群众代言的初心。

为此，我在长岭县委宣传部新闻报道组三年以及1978年调到吉林省广播电台任记者、编辑六年期间，着力采写了一大批反映农民呼声、困惑以及改革开放后生产生活变迁的新闻报道，受到农民的欢迎，获得省委书记的批示好评，荣获中央人民广播电台的奖励。

譬如：我采写的通讯《蛤蟆塘村的变迁》，中共吉林省委书记高狄（后任人民日报社社长）批示将其作为全省农村党组织的学习典型，并由《吉林日报》全文转载。我采写的长篇通讯《来自人参故乡的报告》荣获中央人民广播电台优秀作品奖。

一场为民讨公道的全国大讨论

——一波三折，顶压力，破阻力，荣获"中国新闻奖"

树立了为人民鼓与呼的初心，尚需不为阻力、压力所动摇的意志力和坚定性，怀抱初心，秉承使命，坚持到底。

下面以我撰写的倡导"厚养薄葬"的报道及发起并组织的全国大讨论为例，来阐述在阻力、压力下坚持初心、践行使命的攻坚克难。

1983年由中共中央农村政策研究室下发调令，将我从吉林省广播电台调到农民日报社担任记者，次年任记者站站长，1995年调任农民日报社群工部主任。

当时群工部分为两个组：一个是编辑组，一个是分稿组。群工部每天收到全国各地邮寄来的稿件、信件能有几大编织袋。先由分稿组把具有编发新闻价值的稿件、信件分拣出来，把没有新闻价值的稿件和信件就扔到垃圾堆里。

1996年6月1日那天下班后，我到群工部编辑室翻阅稿件，查看完待编稿件，又去垃圾堆里翻看被分稿组扔掉的稿件和信件。在垃圾堆数百封信件中我发现一封江苏省睢宁县农村妇女史修云的来信。

她在信里说：她为了照顾老人特意搬到父亲家一起住，平时做饭、熬药，任劳任怨侍候父亲多年，老人家满意地称赞她十分孝敬。后来因病医治无效老父亲去世了。对于如何操办老人丧事的问题，她认为应该简办丧事，因为老人已经故去，再大操大办，她父亲也得不到，没有意义的破费会加重家庭和社会的经济负担。她的这个想法一说出来，就遭到亲戚朋友、村里邻居的讥讽，人前人后说她大逆不孝、丧尽天良，就连村支书、村主任也反对她。面对周围人们的责难、打击、围攻，史修云有口难辩，精神受到刺激，濒临崩溃。求助无门，她才请人代笔写了此信寄到农民日报社，请求报社为她做主。

史修云这封信我看了一遍又一遍，越看越气愤，心中生起问号：怎么会这样？为什么会这样？简办丧事明明是破旧立新、移风易俗的善行，为什么会遭到打击围攻？之所以遭到如此责难的背后是几千年来的封建迷信的旧风俗的习惯势力在驱动。由此我意识到，这封信不是一封普普通通的读者来信，它的分量太重了，它承载着对封建迷信旧的传统习惯势力的控诉和抗争；也暴露出身处底层的农村妇女缺乏话语权，遭受打击围攻而无能为力，精神遭摧残、满心委屈而申诉无门；还反映出农村基层领导在抓精神文明建设上的缺失。这封信向全国各级领导及全社会提出了一系列严肃的课题：

如何"两手抓，两手都要硬"？

如何教育农民改变观念、破除迷信、崇尚科学？

如何刹住歪风、弘扬正气、移风易俗、树立新风？

如何将农村精神文明建设落到实处？

透过这封农村妇女的来信反映出的如此诸多重要的问题，我深切地感到我手中的笔无比沉重而神圣，下定决心：要以这封信为由头，开展一场全国性的大讨论，将有关问题弄个水落石出。于是，我连夜撰写了消息。因为含有"为民请命"之义，我运用矛盾对立式的文字，把这篇消息定为对联式标题：《简办丧事反遭打击围攻　农家女投书本报讨公道》。

为了开展大讨论，我一鼓作气配写了评论；为了引发深思、激发讨论，我用冠以两个"何"字的反诘句式作标题：《何为孝敬　何应谴责——"如何为'厚养薄葬'营造良好社会环境"讨论开篇话》。

此评论全文如下：

何为孝敬　何应谴责

——"如何为'厚养薄葬'营造良好社会环境"讨论开篇话

今天发表孝敬父母的农家女史修云给本报的来信，如泣如诉地向广大读者倾吐了她简办父亲丧事反遭众人打击围攻，致使她心灵受到伤害，精神濒临崩溃，不得不向社会呼吁求助。

史修云对老人生前敬养，死后薄葬，何罪之有？"厚养薄葬"还是"薄养厚葬"，何为孝敬？何应谴责？这应该成为当前农村精神文明建设的一个值得认真对待的问题。

此事向人们重重地敲了一下警钟，它启迪人们：丧事由大办向简办转变，不仅是个形式的更换，而是要从传统观念上来一个根本性的转变。"几千年的习惯势力是最可怕的"，切不可低估，封建迷信残余思想，不会轻而易举地从人们的头脑里消失。所以，需要同千百年来的陈规旧俗决裂。如果仅仅满足于火化，虽能化了尸体，却"化"不了农村根深蒂固的旧观念、旧习惯，"化"不了封建迷信思想的残余，"化"不了"薄养厚葬"的歪风。重要的问题是教育农民，转变思想观念，彻底破旧俗、立新风。农村精神文明建设任重而道远。

为了弘扬"厚养薄葬"的正气，加强农村精神文明建设，本报从即日起在第一版及第三版开展"如何为'厚养薄葬'营造良好社会环境"的讨论，欢迎各地各界读者踊跃给本报群工部来信来稿，为促进广大农村的精神文明建设推波助澜。

我写的消息《简办丧事反遭打击围攻　农家女投书本报讨公道》如果比作导火线的话，我配写的评论《何为孝敬　何应谴责——"如何为'厚养薄葬'营造良好社会环境"讨论开篇话》点燃了大讨论的"烈火"。全国各地各界纷纷来信来稿，每周刊登一期的讨论稿版面不够用，就额外增加版面，成篇累牍，一发不可收。参与本报讨论的有农村普通农民、基层干部、各行各业的职工等。

这种大讨论在《农民日报》是有史以来第一次。随着讨论连续不断地刊登，报社内部逐渐出现了反对意见。为了将讨论进行到底，我顶着来自各方面的压力，想方设法逐一应对。

总编室负责人认为占用的版面太多了，不能再继续刊登下去了。

针对总编室不让大讨论占用第一版的版面，我便提出由第一版转到群工部本部门的第三版《读者之声》版面，无论如何不能停顿每周刊登一期的大讨论。

由于参与讨论的来稿太多，一度大量积压。为了及时选编有关稿件，需要编辑晚上加班编改稿件。对此，有的编辑不情愿加班加点连夜编稿。我就晓之以理，动之以情，动员说服之，甚至以预言能够获得"中国新闻奖"鼓动大家。

我对本部门的编辑讲："这场大讨论具有重要意义，关系到树正气，刹歪风，破除千百年来的封建迷信旧习俗，树立厚养薄葬、科学文明新风尚，加强农村社会主义精神文明建设的问题。如果咱们继续搞下去，会获得轰动社会的效应，搞好了一定能获得'中国新闻奖'。"

在编辑大讨论稿件的时候，有的编辑夜班没能及时赶到，印刷排版车间又急等着版样操作，为了救急我便自己挥笔设计版式，然后直接送交排版的技术人员进行排版，最终没有贻误报纸的出版。

当大讨论刊登了几期之后，报社的总编辑在报纸上亲笔给我写了批示："老宋，厚养薄葬没有什么意思，不要再继续讨论下去了。"

报社总编辑批示了，他本人表示不感兴趣，可是从全国各地源源不断的来稿来信的反映来看，都纷纷赞成并积极支持本报的大讨论。我想如果就此突然终止，既会挫伤广大读者参与的积极性，又会使需要解决的问题悬而未决、半途而废，达不到激浊扬清、移风易俗的目的，就连农家女史修云被打击围攻都没有讨回一个公道。所以，我绝不甘心就此"收兵"。

那么，怎么能将大讨论继续进行下去呢？我在做报社领导工作的同时，采取"走出去"的办法，来一个"曲线救国""曲径通幽"。

我责成我们群工部的副主任前去采访共青团中央书记处书记和民政部部长，我去采访全国妇女联合会主席和农业部常务副部长，分头请四位部级领导谈对农家女史修云的来信及关于"厚养薄葬"的看法。

其结果，不期然而然，被采访的那四位部级领导不仅非常赞成和支持我所发起的关于"厚养薄葬"的全国大讨论，而且还亲自撰写倡导"厚养薄葬"的文章在《农民日报》上发表，主动参与到大讨论之中。我取得了民政部、农业部、全国妇女联合会、共青团中央书记处四位部级领导的充分肯定和大力支持。因为《农民日报》归农业部管，既然农业部领导肯定并支持我发起和组织的"厚养薄葬"大讨论，那么《农民日报》总编辑也就不再阻止我了，我更增强了把这场全国大讨论继续搞下去的信心。在此四位部级领导的带头参与带动下，大讨论风生水起，全国的稿件、信件纷至沓来。

大讨论进行到这时，那位来信的农村妇女史修云所在的睢宁县的宣传部、民政局、妇女联合会、共青团委联合发出《在全县开展向史修云同志学习的倡议书》，中共睢宁县委书记韩振英在《农民日报》上发表了题为《倡导厚养薄葬是精神文明建设新的切入点》的文章。

由于在本报开展大讨论，史修云从一个被打击围攻的对象变为全县学习的榜样。虽然这个负面的问题解决了，但是我觉得这个现象的背后尚有思想、观念、理论方面深层次的问题没有彻底解决，需要将大讨论从表面向更深的方向提升和延伸。于是，我和我部的副主任分头去邀请中国社会科学院的研究员、中国人民大学的教授、原国务院农村发展研究中心的研究人员以及民俗、宗教的专家、学者，他们就"厚养薄葬"的有关问题发表了高水平的文章，将全国的大讨论提升到思想与理论的高度，登上了新的台阶。

宋逊风撰写的消息及评论刊登于《农民日报》1996年6月3日第1版头条

移风易俗树新风
厚养薄葬显真情

——在全县开展向史修云同志学习的倡议书

史修云是我县刘圩乡薛瓦村一个普通的农家妇女,为照顾年迈父母晚年的饮食起居,婚后不久便和丈夫一起从婆家搬回娘家生活。平时夫妻俩对老人体贴入微,百般服侍,做到了儿女对父母应尽的孝心,被当地干群誉为难得的孝顺女。今年四月,史修云的父亲因病去世后,她坚决响应党和政府实行殡葬改革的号召,顶住来自各方的世俗压力,面对冷嘲热讽,污言秽语地谩骂,坚持一切从简地把父亲的骨灰安葬下地。

一个普通的农家妇女,能做到对老人生前厚养,死后薄葬,这种知亲情、明事理的品格是难能可贵的,也是值得当今人们推崇和倡导的。

尊老、敬老是我们中华民族的传统美德。现在我们拥有的一切,无不倾注着老一代人的汗水与心血,没有老人们昨天的奋斗,就没有我们今天的幸福生活,忘记他们,就等于忘记了人类社会和我们事业的发展源头。因此,养老、敬老是社会赋予我们每个人的法律义务和必备的道德风尚。然而,人来自大自然,又回归大自然,人的生老病死是不可抗拒的自然规律。但是,在人死的丧葬问题上,几千年的封建剥削阶级思想长期居于统治地位,他们宣扬的"灵魂升天"、"入土为安"、"重殓厚葬"等腐朽观念一直禁锢着人们的头脑,侵蚀人们的灵魂,毒害了一代又一代人,使大量的物质财富或付之一炬,或白白埋入地下。新中国成立后,随着精神文明建设的逐步推进,广大人民群众的价值观念、心理素质发生了深刻的变化,建立文明、健康、科学、向上的生活方式,摆脱旧传统的束缚已成为不可逆转之势。史修云同志敢于移风易俗,坚持厚养薄葬,也正是千千万万个体现和实践这个大趋势中的代表。

我县推行殡葬改革已十多年,取得了一定的成绩,为促进两个文明建设作出了应有的贡献。但是,近年来丧事中的封建迷信活动又沉渣泛起,旧的丧葬习俗明显抬头,有的人对老人生前不赡养,甚至虐待、遗弃,死后却打起"尽孝"的牌子,大操大办,广收财礼,讲排场,摆阔气,大搞封建迷信活动。对于这种腐朽的陈规陋习、封建社会的道德观念应该受到社会舆论的鞭挞。

最近,中共中央宣传部、民政部、公安部、工商行政管理局、土地管理局下发的《关于实行移风易俗进一步改革丧葬习俗的意见》中指出:"改革丧葬习俗,反对愚昧迷信丧事活动,是我国社会主义精神文明建设的一个组成部分,是提高人民素质,净化社会风气,促进社会全面进步的一个重要任务。"为此,我们向全县的工人、农民、干部和妇女界的姐妹们发出如下倡议:

一、学习史修云同志尊老敬老的优秀品质,真正履行赡养父母(公婆)的义务。

二、向史修云同志学习,破千年旧俗,树一代新风,老人死后实行火化,不用棺木、不大操大办,不搞封建迷信活动。

三、要大力宣传"厚养薄葬"的好人好事和先进典型,勇于向不尽赡养义务和丧事中的各类丑恶现象作坚决的斗争。

四、广大党员干部要身体力行,对老人首先做到厚养薄葬,为群众做出好的样子。

让我们以史修云同志为榜样,敢于向旧的习惯势力挑战,与陈腐的迷信观念实行最彻底的决裂,移风易俗,树立新风,共同为"厚养薄葬"营造良好的社会环境,推动我县的精神文明建设作出不懈的努力!

中共睢宁县委宣传部
睢宁县民政局
睢宁县妇女联合会
一九九六年六月二十七日

睢宁县四部门联合发出的《移风易俗树新风 厚养薄葬显真情——在全县开展向史修云同志学习的倡议书》

虽然以上的大讨论将史修云被打击围攻的负面影响消除了，思想、理论上的正面作用阐述清楚了，按一般的常规讨论应该收尾结束画上圆满的句号了，但是我觉得还不能算完结，因为尚需要落实"厚养薄葬"的实际行动。于是，我在大讨论的版眉处刊登出通栏标题《厚养薄葬见行动》，将大讨论引向各地的实际行动。

继而这场大讨论转向了各地落实破除迷信、厚养薄葬、移风易俗的新风尚，本报多角度、大篇幅予以系列报道，诸如《齐河县铲除坟头3万余》《南康市多种树不修墓》《老红军订下厚养薄葬联合倡议书》《风水先生弃行罢手》《木工声明不制棺》《七旬老人拆棺材》等由大讨论引出的破旧俗、树新风的一系列佳作。

从6月3日我在《农民日报》刊发我写的消息《简办丧事反遭打击围攻　农家女投书本报讨公道》及评论《何为孝敬　何应谴责——"如何为'厚养薄葬'营造良好社会环境"讨论开篇话》开始，到10月4日为止，在本报开展的为期4个月共11期的全国大讨论，得到了中共中央宣传部和国家农业部领导的充分肯定和高度评价。

农业部常务副部长刘成国在《农民日报》发表题为《倡导厚养薄葬　加强农村两个文明建设》的文章，明确指出：

《农民日报》于今年6月3日在一版头条刊登了江苏省睢宁县农村妇女史修云来信的消息，题为《简办丧事反遭打击围攻　农家女投书本报讨公道》，并就此开展了"如何为厚养薄葬营造良好社会环境"的大讨论，在全国引起了强烈的反响。党的十四届五中全会明确指出，在建立社会主义市场经济体制的过程中，必须把精神文明建设摆在更加突出的地位。《农民日报》通过这场大讨论倡导厚养薄葬的良好风气，有普遍的现实针对性，也有深远的社会意义，有利于加强和促进农村精神文明建设。

这场历时4个月共11期的全国性的大讨论有这样四个特点：

一是具有很强的针对性。《农民日报》以史修云来信为由开展讨论，针对一些农村普遍存在的薄养厚葬现象，触及了全社会共同关注的"如何为厚养薄葬营造良好社会环境"的热点问题，从而引起了广泛反响。

二是具有广泛的群众性。《农民日报》的编辑从来自江苏、江西、山东、河南、湖北、福建、内蒙古、广西及北京等18个省（自治区、直辖市）的大量稿件中，选编了近百篇有代表性的稿件发表，有县乡村干部的，有各级领导和专家的，但大部分是普通农民的来稿。《农民日报》搞全国性的大讨论，许多县（市）开展了本地的"小讨论"。

三是具有一定的深刻性。这场大讨论，畅谈薄养厚葬的危害及厚养薄葬的必要，有正面的感受，也有反面的教训，继而专家、学者、教授参加讨论，并上升到理论的高度阐述薄养厚葬存在的原因以及厚养薄葬的社会道德观。同时，中央有关部委及群众团体组织的负责人从全局的高度，发表了具有宏观性和指导性的意见。

四是具有导向性。这场大讨论，边讨论边引向行动，收到了良好的社会效果。《农民日报》开展讨论不到一个月，史修云所在县的宣传部、民政局、共青团委、妇女联合会联合发出《在全县开展向史修云同志学习的倡议书》，在《农民日报》发表后，报社又抓住时机，用'厚养薄葬'讨论推动移风易俗工作的开展，及时刊发了《齐河县铲除坟头3万余》《南康市多种树不修墓》《老红军订下厚养薄葬联合倡议书》《风水先生弃行罢手》《木工声明不制棺》《七旬老人拆棺材》等大讨论引出来的丧葬问题上移风易俗的事例佳话。广大读者普遍反映《农民日报》确实抓住了关系到农村精神文明建设的一个重要问题。

社会主义市场经济条件下，农村为什么要大力弘扬厚养薄葬？因为这关系到破除迷信，崇尚科学；关系到反对浪费，提倡节俭；关系到保护耕地，发展规模经营；关系到移风易俗，营造良好的社会环境。总之，这是关系到把两个文明建设落实到千村万户的一件大事。

本报大讨论结束后不久，中共中央即发布了《中共中央关于加强社会主义精神文明建设若干重要问题的决议》，其中强调提出"制定乡规民约，破除陈规陋习"。

此系列报道受到中共中央宣传部的重点表扬，中宣部在《新闻舆论动向》第278期刊登的《农民日报倡导"厚养薄葬"的良好风气》中表扬称：

《农民日报》确实是抓住了一个严肃的话题、一个重要课题，关系到农村各级领导是否"两手抓两手都要硬"；关系到如何教育农民转变观念；关系到如何刹住歪风弘扬正气，破除旧俗树立新风。从多种角度反映出：丧事大办害人深，此风当刹不宜迟，农村精神文明需要落到实处。

我写的消息《简办丧事反遭打击围攻　农家女投书本报讨公道》、评论

《何为孝敬　何应谴责——"如何为'厚养薄葬'营造良好社会环境"讨论开篇话》及其引发的11期全国大讨论，被评为"中国新闻奖"。

这应验了大讨论之初我承诺如果搞得好会被评为"中国新闻奖"的预言。

我给每个编辑都申报了奖，包括仅编了半块版的编辑也获得了一个"中国新闻奖"的证书。6个人同时都获得"中国新闻奖"，这是新闻界史无前例的奇闻，也是有些人始料不及的可喜可贺的成果。因为有的记者和编辑搞一辈子新闻工作不见得能够获得"中国新闻奖"。

我将所遇到的压力化为动力，想方设法攻坚克难，终于通过这个"厚养薄葬"系列报道所刊发的消息、评论及其引发的历时4个月共11期的全国大讨论，为民讨回公道，弘扬了正气。这段经历使我体会到：

树立为人民群众鼓与呼的初心，记者首先要在与人民群众的结合过程中培养感情，使自己的思想感情融入群众的情感之中，与人民群众息息相通。只有深厚的感情，才能激发出为民鼓与呼的激情，才能产生动力，增强勇气和韧劲，克服阻力、顶着压力为人民群众坚定不移鼓呼到底，终能做到不改初心、不辱使命。

三、坚持新闻真实性，经得起党性考验

可能有人会问：为人民鼓与呼同为党做宣传报道工作是什么关系？也就是人民性与党性的关系是什么？二者是否矛盾？

毛泽东主席在《论联合政府》一文中明确指出"向人民负责和向党的领导机关负责的一致性"。习近平同志也强调说："党性和人民性从来都是一致的、统一的。"

从本质上说，坚持党性就是坚持人民性，坚持人民性就是坚持党性。党性寓于人民性之中，没有脱离人民性的党性，也没有脱离党性的人民性。

党性同真实性又是什么关系呢？

列宁在《致尼·达·基克纳泽》一文中指出："马克思主义是以事实，而不是以可能性为依据的。马克思主义者只能以经过严格证明和确凿证明的事实作为自己的政策的前提。"

毛泽东主席曾在《中共中央关于调查研究的决定》中指出："粗枝大叶、自以为是的主观主义作风，就是党性不纯的第一个表现；而实事求是，理论与实际密切联系，则是一个党性坚强的党员的起码态度。""有实事求是之意，无哗众取宠之心。这种态度，就是党性的表现，就是理论和实际统一的马克思列宁主义的作风。这是一个共产党员起码应该具备的态度。"

新闻的真实性是指在新闻报道中的具体事实必须合乎客观实际；也就是新闻报道中的各要素，如时间、地点、人物、事件、原因、结果及经过，都是经得起核实、确凿无误的。

在采访与写作中，以对党负责的精神，遵守党的实事求是的原则，忠于事实，忠于真理，寻求科学的结论，这就是记者的党性体现。记者的采写无论是夸大，还是缩小；无论是片面的报道，还是有意的袒护；无论是虚假的浮夸，还是恶意的贬斥：都是缺乏乃至丧失党性的表现。

下面以我采写的获得"全国好新闻奖"的消息,凭真实性保住党性的亲身经历,说明真实性与党性的统一性,党性要求报道的真实性,报道的真实性体现记者的党性。

被审查的报道,以党性担保真实性,荣获"全国好新闻奖"

20世纪70年代初,吉林省农业科学院选育的"吉单101"玉米新品种,抗病抗倒,抗旱耐涝,容重高,粮质好,产量高,适宜东北种植,对国家粮食增产、农民增收做出了巨大贡献。当时的吉林省成为全国贡献商品粮省份之冠。全国科技大会给吉林省农科院"吉单101"玉米科研课题组的育种专家颁发了"农业科研成果重大贡献奖"的奖状。

1984年初,吉林省委、省政府为了鼓励省农科院该课题组的六位专家,作出决定:奖励他们两万元科研奖金,并以省委、省政府的名义正式下发文件给省科委和省财政厅,要求抓紧落实拨发此项科研奖金。

了解到这个信息之后,我认为这是吉林省委、省政府对"吉单101"玉米科研课题组育种成果的充分肯定,是对有重大贡献农业科研专家的鼓励、表彰和重奖。对广大农业科研工作者来说,这是树立了学习的标杆,建立了激励贡献的奖励机制。我纵观全国农业科研系统以现金形式重奖有功的科研人员,吉林省委、省政府尚属首例,在全国开了先河。我觉得这是一个有代表性的新闻,于是我采写了消息《吉林省委第一书记强晓初指出——要以改革精神落实知识分子政策》,在1984年6月5日《农民日报》头版头条刊发。

继而,我认为"吉单101"玉米科研课题组取得突破性的科研成果,为国家做出了突出的贡献,其育种经验和创新精神值得全国农业科研人员学习,有必要向全国宣传推广。于是,我决定去地处怀德县(今公主岭市)的吉林省农业科学院采访。

1984年8月初,我赴距省城长春市120多里地的怀德县,赶到吉林省农业科学院,邀来"吉单101"玉米科研课题组的几位育种专家,请他们谈谈育种经验及创新事迹。

采访之初,我说明了想采访他们育种的经验体会和创新的经历。几位专家有的随便敷衍几句,有的吞吞吐吐,有的避而不谈,有的欲言又止……

专家们的表现令我疑惑不解：他们是谦虚不愿意自我表白，还是有什么难言之隐不愿意接受记者采访？我百思不得其解。

后来，我以省委、省政府下达文件决定奖励他们两万元奖金为由头启发了一下，几位专家才打开了话匣子，一一向我倾诉："不是我们不愿意谈，也不是不接受你的采访，而是省委、省政府的奖励文件已经下发将近半年了，至今我们也没有见到应得的奖金。我们估计有关部门可能不想发给我们了吧。"

从这些育种科研人员披露出来的"难言之隐"的话语背后，我感觉到：面朝黄土背朝天、风吹雨淋下农田的育种专家所选育出来的优良品种不被科研主管部门认可，他们仿佛被泼上冷水，不是被肯定、鼓励、保护，而是被否定、忽视、不待见，以致心灰意冷，辛辛苦苦为国家做贡献的炽热的积极性受到挫伤。

更何况省委、省政府早已作出决定，并下发了文件，有关部门拒不执行、拖着不办，岂有此理！从党性角度看，有关部门不执行上级党委的决定，是丧失党性原则；从人民性角度看，是视科技人员的辛勤汗水、造福人民的科研成果于不顾，对人民是失责、失职。

对有关部门的错误做法，对科研人员遭受的冷遇，我愤愤不平。于是，我暂时搁笔不采写育种专家的科研报道，而调转笔锋采写科研有功人员的奖金为何迟迟不发的幕后原委。

毛泽东主席曾告诫说："没有调查就没有发言权。"为了采写出真实的报道，必须把真实性放在第一位。首先要把事实调查清楚，准确无误，犹如"板上钉钉"，确凿牢靠。

调查要遵循事物的发展规律——发生-发展-经过-结局，并弄清其原因和结果。于是，我从源头开始，调查了解省委办公厅、省政府办公厅《关于奖励育种科研人员的决定》的文件是否下发，发往了哪些部门。两个办公厅都确认此文件早已及时下发，而且不仅发往了省财政厅，还发给了省科委。

我根据两个办公厅所提供的线索"顺藤摸瓜"先去省财政厅调查情况。省财政厅反映："我们接到省委、省政府的文件后，就立即把两万元奖金拨给省科委了。可是，后来不知道什么原因省科委又把那两万元奖金如数退了回来。"

到底是什么原因？省科委为什么不把两万元奖金下发农科院"吉单101"玉米科研课题组，反倒退回了省财政厅？我带着疑问了解省科委主管奖励人员。他们理直气壮，振振有词，说是省农科院"吉单101"玉米科研课题组的两万元奖金没有必要颁发了，因为全国科技大会上已经颁发了一张奖状，不能再重复奖励了。

经过以上几个方面的调查，最后终于搞清楚：育种科研有功人员的两万元奖金至今未发的源头是省科委，原因是国家发个纸质的奖状就算已经奖励了，不应当再重复奖励颁发奖金了。

据此我分析认为，省科委这种做法和说法有严重的错误：对上，是拒不执行省委、省政府的决定，这是组织原则和党性原则的错误；对下，是不重视科研成果，不尊重科研人员。

经过多方调查搞清楚了事实，追根溯源弄明白了前因后果。在此基础上我动笔写下这篇消息：

给六位农科人员的两万元奖金至今未发

——吉林省科委主管奖励人员对省领导机关决定拖着不办

最近获悉，吉林省领导机关决定奖给省农科院"101"玉米科研组谢道宏等六人的两万元奖金，由于省科委主管奖励人员从中作梗，拖了四个多月，至今未发。

早在70年代初期，吉林省农科院副研究员谢道宏和其他科研人员就培育出了优质高产的"101"玉米良种，开创了我国培育玉米单交种的新途径。10年来，这个良种已在全省推广5126万亩，累计增产60亿斤，创造价值6亿元。但是，由于省里有关主管部门不重视知识和科技成果，谢道宏等人的重大贡献长期未得到应有的肯定和奖励，影响了广大农科人员的积极性，省农科院已有一部分科研人员外流。

今年5月下旬，省委第一书记强晓初听到农科人员外流的反映后，专程到省农科院了解情况时明确指出："要给'101'科研组重奖，并要奖到眼红的程度。"省农科院随即填表报奖。6月份，在省委扩大会议期间，省委和省政府责成省科委研究重奖"101"玉米科研组的问题。但省科委主管奖励人员公开提出:"全国科技大会已经奖励一张奖状了,就不再奖了。现在再重奖是怎么回事,算什么奖?没有这个名目,也没有这个等级。"省领导同志认为他们的这个看法是不对的。于是,省委、省政府于6月30日作出了奖给谢道宏等六人两万元的决定。事后,省科委主管奖励人员迟迟不执行这个决定,这笔奖金至今尚未发给获奖者。

省农科院有的科研人员说:"起初听到奖励'101'玉米科研组的消息很高兴,到现在这么久没有发奖金,觉得'凉快了',看来人家还是不愿意奖。"

我发此消息之前,曾于1984年8月初先写了一篇关于此事件的通讯寄给了报社,当时总编室没能即刻发表。当年国庆节刚过,我去报社开会,总编室问起了我写的那篇通讯。总编室负责同志让我改写成一篇消息。当天我把改好的稿子交给了那位主任就返回长春了。这篇消息一直拖延到11月8日才在《农民日报》一版头条见报。

见报当天,中央人民广播电台、中央电视台的早新闻予以全文播发。

中共吉林省委第一书记强晓初早晨一上班,就紧急召开省委扩大会议,其中参会的有省长、副省长、科委主任、财政厅厅长、农业厅厅长及宣传部部长等。

强晓初书记在会上开门见山就说:"今天《农民日报》记者宋逊风在报纸上把咱们省奖励农科人员的奖金至今没发的事曝光了,各有关单位要配合省委整党领导小组彻底审查一下,看看这个报道是不是属实。"

"一石激起千层浪",我写的这篇报道瞬间轰动了全省上下。

省委书记担任省委整党领导小组组长,该小组开始了对这篇报道是否属实的专项调查,先后调查了省财政厅、省科委、省农科院、省广播电台。

那个时期,正值全党上下开展大规模整党运动,各级党组织对所有的共产党员的党性进行严格的审查,犯有严重错误党性不纯者将被开除出党。

我所在的党支部李书记按照上级的指示找我谈话说:"你写的报道把省委奖励农科院农科人员奖金未发的事在《农民日报》曝光了,你可惹下了天大的麻烦。当下正值整党期间,省委整党领导小组已经把你这篇报道作为专项事件进行审查,若弄不好你可能会被开除党籍。现在你应该争取主动,先写个深刻的检查,否则你的党票要保不住。"

1984年宋逊风赴吉林省农业科学院采写《给六位农科人员的两万元奖金至今未发——吉林省科委主管奖励人员对省领导机关决定拖着不办》消息时留影

当时，我理直气壮地回答："李书记，我采写的这篇消息完全属实，没有一字一句的虚构，我敢以党性担保。"

李书记严肃地说："你这篇消息上面得罪了省委书记、省长、副省长，下面触犯了省科委主任、省财政厅厅长、省农业厅厅长、省委宣传部部长以及省广播电视厅厅长一干人。你敢以党性担保，谁敢给你担保党性？"

我也义正词严地说："我不需要任何人为我担保党性，我自靠报道的真实性，真实性就是对我的党性的考验，我深信事实是不容否认和颠倒的，我也相信省委一定会坚持党的实事求是的党性原则，所以我不怕审查，任凭省委整党领导小组调查审处。"

党支部书记看我的态度很强硬也无言以对，似乎惋惜地对我说："小宋啊，我可是为你好，免得你因为一篇消息而受到党纪的处分。等到省委整党领导小组审查结果出来的时候，你后悔就晚了。"

我以尊重的口气说："请领导放心，我决不会后悔的。"

在省委整党领导小组调查核实我的报道的真实性的过程中，党支部书记、党员同志及周围的同事都用一种异样的目光看着我。

有的议论："宋逊风这回可闯大祸了，犯大事了。"

还有的说："这下麻烦大了，恐怕宋逊风的党票难保了。"

足足经历了半个多月的上下左右的调查核实后，省委整党领导小组的两位同志找我谈话说："省委领导对你写的报道非常重视，责成我们调查核实。最后结果证明，你所写的那篇报道完全符合事实，报道的真实性确定无疑。而且这篇报道充满了正能量，及时指出了有关部门不重视科研成果、不重视科技人才的严重错误，对省委、省政府及省科委、省财政厅、省农业厅等有关部门都有很大触动。"

事后，省科委、省财政厅、省农业厅等厅委的有关人员及主管农业的副省长都一一作了深刻检讨。

中共吉林省委整党工作指导小组下发全省党组织的第97期《整党简报》，对此事的调查作出了结论，全文如下：

这份调查报告所揭露的问题带有一定的普遍性，它反映了在我省直机关里经常发生的一种官僚主义作风：程序烦琐、相互脱节、办事拖拉、公文旅行、不负责任等等。这种作风是进行经济体制改革、开创机关工作新局面的严重障碍，也是我们脱离群众的主要原因之一。在整党中，如果我们一方面满足于对官僚主义作风作检查，一方面又对发生在身边的官僚主义作风熟视无睹、见怪不怪、任其泛滥，那就是整顿作风走了过场。

省科委党组、省财政厅党组和王金山同志（副省长）在收听到中央人民广播电台播发《中国农民报》（邓小平题写报名后改为《农民日报》）的批评之后，对所存在的问题都认真作了检查纠正，同时进行了自我批评，态度是好的。

事后，党支部李书记笑着对我说："多亏你的报道事实无误，是报道的真实性为你保住了党票。"

我写的这篇被省委整党领导小组审查证实的消息说明：

体现记者有没有党性以及党性强不强，检验记者有没有党性及党性强不强，一个重要标准就是审查其新闻作品的真实性。换言之，真实性是党性的体现，党性是真实性的标志。从这种意义上讲，真实性与党性是一致的、同一的、统一的。

四、坚锐预见性，力求超前报道

关于这个问题，我先讲一下我凭什么从一个农村师范学校教师先后被县新闻科、省电台、中央报社调去工作的。

如果用一句话概括，那就是：由于善抢新闻而被新闻单位抢调。

因为好抢新闻，我在教师进修学校刚刚填写《入党登记表》尚未经过党委讨论审批时，就被县委宣传部"抢调"到新闻科（当时中共各级党委规定非中共正式党员不能调入党委机关工作）。

在县委宣传部新闻科工作三年，由于抢新闻突出而被省报社和省电台争抢不下，最后被省电台"抢调"去省城。在省电台工作六年，也是因为屡抢新闻而被《农民日报》"抢调"到北京工作。

1964年我考入东北师范大学中国语言文学系，学制五年，因为"文革"延迟到1970年毕业。毕业后响应党中央的号召"到农村去，到边疆去，到祖国最需要的地方去"，我被分配到吉林省长岭县的农村师范学校。教了两年语文课，之后调到县教师进修学校辅导中小学语文教师三年。因为在东北师范大学办过报纸，教育局局长让我给省报刊撰写发表了一些有影响的报道。

我入党后被中共长岭县委宣传部发现调到新闻科专职搞新闻报道。在县委新闻科搞了三年新闻报道，我所写的鲜活的消息和通讯多半都抢先发表在省级报刊及广播电台。久而久之，我便因为好"抢新闻"在省里的新闻单位脱颖而出。

1978年吉林日报社、吉林人民广播电台人事处长和编辑部主任不约而同地前往长岭县跟县委商调我去他们单位工作。这两家省级新闻单位的负责人是在同一天乘坐同一车次火车，恰巧在列车上遇到了。

省电台的领导问省报社的领导："你们到哪去？干嘛去？"省报社领导

说："我们去长岭县，商调宋逊风。"

省电台的领导跟省报社的领导争辩："我们这是第三次来调宋逊风，早在三年前我们就来调过，总得有个'先来后到'吧？你们不能来挖我们选定的人才墙脚啊！"

省报社的领导解释说："我们也是早就相中了宋逊风，只是我们没有来得及过来。"两家的领导在火车上争执不下，最后省报社的领导让步了，"忍痛割爱"中途下车，转车返回了省城。

就是这样，因为我好抢新闻而被省广播电台"捷足先登"抢了去。

我被调到吉林人民广播电台新闻部农村组任记者兼编辑以后，还是延续好抢新闻的特性。

一般的常规：新闻稿应该是省党报先刊登之后，省电台才能全文转播。可是，同样一个新闻我往往都超前采写在省电台播发，省报社时常借我的广播稿全文转登。

譬如：我采写的信访干部王福顺的通讯《公仆》，省电台广播后，《吉林日报》和《人民日报》先后予以全文转载。

采写蛤蟆塘村党支部带领农民致富的通讯《蛤蟆塘村的变迁》在省电台广播后，中共吉林省委书记高狄（后任人民日报社社长）亲自撰文《农村党支部的任务》，推荐我写的通讯《蛤蟆塘村的变迁》作为全省农村党组织的学习典型，并由省党报《吉林日报》和省党刊《党员之友》分别予以全文转载。

1980年《农民日报》创刊以后，中共中央农村政策研究室正式下发文件决定在全国各省选调记者。1982年春天，柯克明副总编辑与唐圆结同志前往吉林省选调记者。

柯总编和圆结同志从北京来到长春以后，首先去中共吉林省委宣传部和省委农村工作部，请这两个部门推荐人选。省委宣传部推荐了吉林日报社的孟编辑，省委农村工作部推荐了廉干事。

柯、唐二位看了被推荐的两个人选的简历，了解了俩人的情况，考虑再三，都觉得不大满意：一个没有本科学历，另一个没有新闻经历。当时也没有回绝这两个被推荐的人选，打算再寻找第三个人选比较比较再说。

其间，省委宣传部向唐圆结同志推介："在农安县（宋代岳飞词中直捣的"黄龙府"）正在举办新闻通讯员培训讲座，那里有几位被邀请去讲课的省新闻单位的骨干记者和编辑，您可以去听听、选选，看有没有你们《农民日报》满意的人选。"

我是被邀请前去讲座的记者兼编辑之一。从省城来的记者和编辑，有的讲采访，有的讲消息，有的讲评论，我侧重讲通讯的写作及怎样抢新闻。

"说者无心，听者有意"，听我讲完课后在吃午饭的时候，《农民日报》的唐圆结同志凑到我跟前说："我这次是为《农民日报》选记者来的，听了你的讲座，觉得挺好，你看看愿意不愿意到《农民日报》当记者？"

我顺便了解了一下《农民日报》的大概情况后说："我可以考虑考虑。"

第二天，唐圆结同志带着我前去南湖宾馆会见了农民日报社副总编辑柯克明同志。柯克明问我："考虑得怎么样了？"我回答说："你们《农民日报》是新创刊，宣传报道农民、农村、农业，'三农'发展空间广阔，所以我愿意到你们报社当记者。"

后来，柯、唐二位就回京向本报领导班子汇报了他俩从吉林省城和农安两地挑选出我的情况。会后，把我作为预选对象备了案。

此后，过了好几个月也没有消息，我以为"没戏了"，于是，我就把这件事给忘了，照常在吉林人民广播电台做采编工作。那年秋天，我去吉林省最东部、临近朝鲜的延边朝鲜族自治州采访。

突然，接到农民日报社记者部主任郝富友的电话。郝主任说："我已经到省城长春了，想跟你见面谈谈，听说你在延边采访，我先跟省里有关部门谈谈再等你回来面谈。"他也没说来的意图，也没告诉我要谈哪方面的内容。

郝主任首先约谈了省委农村工作部秘书长李健之，向李秘书长了解我的情况并征求意见。

李秘书长向郝主任介绍说："在我省新闻单位中，宋逊风采写的新闻报道数量较多，质量也很好。他工作兢兢业业，人品也不错。但是，他最大的毛病就是好抢新闻，在省报与其他新闻单位，包括驻省的中央新闻单位还没有发表的时候，宋逊风就抢先发表了。以后他要是把这个缺点克服掉了，就更好了。"

郝主任是中国人民大学新闻系毕业的，他懂得时效性是新闻鲜活生命的重要体现。他认为，同样一个事物别的新闻单位已经报道过了，就不叫新闻了。而在众多媒体群里能够经常抢先发表报道，说明具有很强的新闻敏感性。这不是毛病，而是难得的长处；这不是缺点，而是记者最大的优点。

郝主任原定要等我从延边采访回来，再对我进行面试，实际考核一下我符合不符合《农民日报》记者的标准，可是，通过听取了李秘书长介绍我好抢新闻的"毛病"和"缺点"，郝主任心里有了"定盘星"：好抢新闻的宋逊风就是我们报社理想的人选。

于是郝富友主任取消了对我面试的程序，买上票返回北京向报社领导汇报了。

之后不久，由中共中央农村政策研究室正式下发文件调我任《农民日报》记者。1983年我成了《农民日报》记者。次年，中共中央农村政策研究室下发文件任命我为记者站站长。

以上我之所以被县、省、中央新闻单位抢调，盖缘于新闻单位看中了我善于抢新闻的特点。

抢新闻靠什么？靠记者坚锐的预见性、高度的敏感性。

怎样才能具备新闻的预见性、高度敏感性呢？

新闻的预见性及敏感性，属于认识论的问题。

列宁在《黑格尔〈逻辑学〉一书摘要》中说："物质的抽象、自然规律的抽象、价值的抽象以及其他等等，一句话，其他一切科学的（正确的、郑重的、非瞎说的）抽象，都更深刻、更正确、更完全地反映着自然。"

毛泽东主席在《实践论》中说："要完全地反映整个的事物，反映事物的本质，反映事物内部的规律性，就必须经过思考作用，将丰富的感性材料加以去粗取精、去伪存真、由此及彼、由表及里的改造制作工夫，造成概念和理论的系统，就必须从感性认识跃进到理性认识。""理性认识依赖于感性认识，感性认识有待于发展到理性认识，这就是辩证唯物论的认识论。""由感性到理性之辩证唯物论的认识运动，对于一个小的认识过程（例如对于一个事物或一件工作的认识）是如此，对于一个大的认识过程（例如对于一个社会或一个革命的认识）也是如此。"

毛泽东主席对什么是预见性有个科学的定义："**所谓预见，不是指某种东西已经大量地普遍地在世界上出现了，在眼前出现了，这时才预见；而常常是要求看得更远，就是说在地平线上刚冒出来一点的时候，刚露出一点头的时候，还是小量的不普遍的时候，就能看见，就能看到它的将来的普遍意义。**"

新闻的预见性和敏感性，实际上就是记者对于人物或者事件的感性材料经过思考，由此及彼，由表及里，升华到全面的、本质的、规律的理性认识之较强的能力和超前的表达，尤其是对待新生事物的孕育、萌芽状态，经过思考而能认识其性质、位势及发展趋势。在党中央、国务院尚未发出或者即将发出新的政令之前，记者能够发现并采写出与党中央、国务院精神相吻合的报道，提前起到为党中央、国务院政令鸣锣开道的正能量作用。

新闻的预见性、敏感性，需要记者在瞬息万变的大千世界里，透过层层表面现象的云雾，即刻就会看到哪里有新闻发生，就会嗅到哪里会有新闻发生，并能率先、超前捕捉到。这既是记者发现新闻的能力，也是记者判断新闻价值的能力。

在给大学讲新闻写作经验时，我倡导要学习鲁迅"于无声处听惊雷"的预见性，即在悄无声息之际便能够听到即将发出惊人的雷鸣。

新闻的预见性，实际上是记者对事物从量变到质变关节点的预见性。任何事物的变化都是从量变开始的，量变是质变的必要准备，当量的积累到达一定程度时，必然引起质变，即从一种质态向另一种质态转变。记者要善于识别和捕捉从量变到质变的关节点：事物量变阶段，不是新闻；事物部分发生质变，才会发出新闻的萌芽。这个处于部分质变的新闻萌芽，即是需要捕捉的超前性的新闻。

怎样增强预见性？

毛泽东主席告诫记者对遇到的问题要有分析，要善于比较。

俗话常说："不怕不识货，就怕货比货。"

记者要锻炼对新闻的预见性，应当掌握"分析法"和"比较法"。

分析法，记者如能自觉地运用，便能敏锐地捕捉到超前的、有价值的新闻，发现新鲜的写作角度，找到新颖的表现技法。

分析法，主要包含"三个分析"，即分析事物的矛盾、分析事物的联系、分析事物的发展趋向。

第一，分析事物的矛盾。分析事物的矛盾就是分析实际工作中的矛盾，分析思想领域的矛盾，分析自然界的矛盾。记者若对社会生活中具有普遍意义的矛盾进行深入的分析，并从中发掘解决矛盾的典型，便能写出有影响的报道。

第二，分析事物的联系。世上人物、事物以及生物均存在各种联系。

记者若准确分析其中的联系,便能开拓新的采写路径及角度。

第三,分析事物的发展趋向。记者若能对经济方面、政治方面、思想方面以及文化方面各自的动向和趋势,进行辩证的、实事求是的分析,并能恰如其分地作出判断,便能写出具有预见性的、超前性的报道,有力地发挥新闻的引领、导向作用。

比较法,是分析客观事物、增强新闻预见性的重要方法。新闻就是相对于旧闻而言的。报道中诸如主流与支流、成绩与缺点、先进与落后、经验与教训等,均是由比较才能发现的。

比较法,包含的方面很多,大的方面包括:

纵的比较,现在与过去的比较;横的比较,单位之间、地区之间、中国与外国之间的比较;点与面的比较;个别与一般、局部与全局、具体事件与社会背景、事物内部与周围环境的比较;等。

通过以上的"分析法"和"比较法"发现具有新闻价值的新闻。

新闻是对新近发生的事实的报道。然而,新近发生的事实很多,究竟诸多新近发生的事实中什么样的事实能成为新闻?哪个事实具有新闻价值?

选择和衡量事实是否具有新闻价值主要以下面"六个性"作为标准:

第一,时间性。这是先决条件、首要标准。新近发生的、新近发现的事实,才具有新闻价值。而时间性越强,新闻价值越高。

第二,新鲜性。具有新鲜性意义的事实,本身不仅有意义,而且是崭新的。

第三,接近性。是指在地域上接近,在思想上接近,在感情上接近,在利害关系上接近,等等。具有接近性的事实,读者就特关心,自然就有新闻价值。

第四,重要性。是指对于群众利益、社会生活、国家政令、国际关系等有重要影响的事实而言。凡属政治、经济、文化、教育、社会生活中急需解决的问题,以及广大人民群众普遍关心的事物,皆有重要性,都具有新闻价值。

第五,显著性。著名的、突出的和显要的人物、地点、事件,均具有新闻价值。

第六,趣味性。有趣味的事实,包括在科学、技术、文化等方面新的发明、新的成果、新的知识以及关乎人们生活的新的妙招等都会引起读者兴趣，皆具有新闻价值。

以上"六个性"，具备其中一个或者两个的事实就具有新闻价值，不是非得全部具备。

下面是我对一个典型事件从感性认识上升到理性认识，由个别现象上升到全局问题，提前认知形势的超前性的报道的撰写过程。

1986年1月宋逊风采访中央委员、吉林省委书记高狄时二人合影

1985年，吉林省粮食继续丰收，出现了省内吃不了、储不下、销不掉、严重积压的问题。针对此问题，地方政府提倡农民多储粮、多养畜禽、多转化粮食，于是出现了养畜养禽和运销专业户。

可是，地方上的工商、税务及检察院等部门对新涌现出来的农民专业户非但不支持，反倒罚、卡、压，挫伤了农民的积极性，削弱了政府公信力。

1986年1月初，中共吉林省委书记高狄同志到农村调查后责成有关部门调查并要求对责难专业户的问题认真处理。

其中有一个发生严重分歧意见的事件：1985年末，磐石县（今磐石市）

有一位农民叫梁栋，他率先成立了粮食收储销专业户，收储了一批粮食，继而由粮食部门按规定价格收购了。事后检察院以"套购国家粮食、投机倒把"罪名把他抓起来了。从县、市到省整个检察系统都认定为犯罪，咬住不放。省委高狄书记认为不应该抓，而应该放。

检察院已抓农民，省委书记要放农民，对这样一个有分歧的新闻事件，应该如何"去粗取精、去伪存真、由此及彼、由表及里"进行"思考""抽象"加以报道呢？

首先，剖析检察院给定的"罪名"。"套购""投机倒把"，不能成立。因为梁栋收储的粮食是按国家粮食部门规定的价格被粮食部门收购的，所以也就不存在"套购""投机倒把"的问题。说明检察院尚禁锢在计划经济的"粮食统购统销"的旧观念之中。粮食收储销专业户是改革开放以后为适应社会主义市场经济的需求应运而生的新生事物。对待顺应社会发展的新生事物应当支持、鼓励，而不应该打击，更不应该关押、治罪。

继而，分析省委书记要求"放人"。放手调动和保护农民合法生产经营的积极性，不仅完全符合党的十一届三中全会以来的改革开放政策，而且起到了稳定党的政策的作用。

在以上解剖、分析、思考的基础上，我将省委书记下乡调查提出的意见升华、抽象到保持政策的稳定性，维护农民合法权益。于是，我以此为主题撰写了下面这篇轰动全省乃至中央新闻界的新闻消息。

吉林省委书记高狄深入农村调查，针对一些部门责难专业户问题指出：

保持政策的稳定性，维护农民合法权益

最近，吉林省委书记高狄到永吉、磐石、伊通[1]等县农村搞调查，发现个别县有的部门对专业户横加责难。高狄指出要按十一届三中全会以来的一贯政策，正确对待专业户，保护农民合法权益，并责成有关部门组织查处。

1984年末，全省各地领导机关及有关部门针对省内粮食剩余、储不下、销不掉的情况，大力提倡、积极鼓励农民多储粮、多养畜禽、多转化粮食。

---

[1] 伊通县，今"伊通满族自治县"。为尊重"消息、通讯、报道"原文，也为保留成文时的实际地名，原地名不再加注今地名。下同。

在这种形势下,许多农民纷纷养禽、养畜和代国储粮,全省涌现了大批养禽畜专业户和储粮户,对粮食转化和商品生产起了积极作用,做出较大贡献。

今年1月6日至9日,高狄同志到永吉、磐石和伊通等县搞调查,了解到有个专业户在国营种畜场经营亏损的情况下承包了该场的种禽公司,为全县提供了九千多只优良种禽。近期因农村受灾,出现了经营性亏损,欠了些外债。县有关部门不进行具体分析,不积极地帮助解决暂时的困难,而是强行吊销了这个专业户的营业执照,致使这个拥有数万元设备的企业被迫破产还债。

还有个专业户在去年群众储粮困难的时候,按照上级有关精神收储了一批粮食。后来当粮食部门按规定价格收购后,这个专业户却以"套购国家粮食"的"罪名"被抓了起来。

上述情况在农民中影响很坏,一个乡就有上百户农民把自己养的鸡纷纷杀掉。有的农民说:"以后上面干部让干的事也不能随便就干,说不定啥时候还会找你的茬。"

对违反党的政策责难、打击专业户的问题,高狄同志明确指出,专业户是农村先进生产力的代表,支持专业户,保障农民的合法权益,保护农民发展商品生产的积极性,是十一届三中全会以来党中央的一贯政策。现在,这个政策不仅没有变,还要继续全面落实。对专业户要看主流,要按当时的政策具体分析,切实保持政策的稳定性,保护广大农民发展商品生产的积极性,巩固和发展来之不易的农村大好形势。

回省城后,高狄同志立即责成省委办公厅会同有关部门组织联合调查,要求对责难专业户的问题认真处理。

我采写的这篇消息刊登于1986年1月17日《农民日报》头版头条。同时与我一起采访的还有《吉林日报》《吉林农村报》等新闻单位,中央和全省报刊、电台、电视台当时并没有发表此内容的报道。

我采写的消息见报的当天,中共中央宣传部召开中央新闻单位负责人会议,包括新华社、人民日报社、中央电视台、中央人民广播电台、经济日报社、农民日报社、光明日报社、科技日报社等单位的社(台)长、总编辑参加。

会议开始时,中宣部部长讲:"今天召集中央新闻单位各位领导开会,是请中共中央农村政策研究室主任、国务院农村发展研究中心主任杜润生同志讲一讲有关农村改革的问题。"（杜润生主任时任中央顾问委员会委员、中央财经领导小组成员、全国政协委员、全国人大代表，是十一届三中全会以来中共中央一号文件的起草负责人，他所发表的言论大都被纳入中央文件）

当时，杜润生主任的手里拿着一张《农民日报》对与会的中央新闻单位的领导说："部长让我讲一讲农村改革的有关问题，先请大家看一看今天刊登在《农民日报》头版头条的宋逊风记者写的报道，题目是《保持政策的稳定性，维护农民合法权益》，这就是当前农村改革的形势和主要任务。"

杜润生主任的话音刚落，在场的新华社总编辑从杜主任手中接过《农民日报》的报纸说："好！我拿回去发新华社通稿。"

1986年1月17日，《农民日报》头版头条刊发宋逊风采写的报道

散会时，人民日报社社长对我们农民日报社社长李千峰、总编辑张广友及在场的总编室主任说："今天，杜润生主任给你们《农民日报》做了一个特大的广告。"

通　报　表　扬

各记者站：

　　今年元月，驻吉林记者宋逊风同志采写的《保持政策的稳定性，维护农民合法权益》一稿（见本报元月十七日头版头条），受到杜润生同志表扬，并由新华社转发通稿。驻陕西记者郭迈强同志采写的《陕西白水县一位普通农村党员致信省委记者，就改进下乡干部工作提出六条建议》（见本报元月二十日头版头条），中央台破例在新闻报纸摘要中以要闻摘播了三分半钟，两篇报道在报社内也受到好评。究其原因，是记者敏锐地回答了当前农民最关心的问题，有较强的针对性，这两篇报道，反映出记者的新闻敏感，是典型的抓问题的报道，很值得大家读一读，领会一下。报社领导同志说，如果每位记者一年能抓两条这样的稿子（当然不是内容的重复），那么20多个记者一年可抓50篇，报纸就会改变四平八稳的状况。

　　元月以来，许多驻省记者开始注意改变片面追求来稿数量作法，而深入实际，抓问题，抓典型，抓"活鱼"，反映在报纸版面上，是头

1986年1月，农民日报社通报表扬宋逊风采写的消息报道《保持政策的稳定性，维护农民合法权益》受到杜润生同志的表扬

同样一个新闻事件，在中央及其他新闻单位尚未发现、发表之际我能够及时采写并捷足先"登"，表现出了新闻敏感性和预见性，其原因在于：

将新闻事件的感性认识上升到理性认识，经过"思考"、"抽象"、由此及彼、由表及里，从而识别事件本身的内在性质、外在意义及所代表的方向。

1984年10月20日中共中央十二届三中全会通过了《中共中央关于经济体制改革的决定》，其中第九条明确提出"尊重知识，尊重人才"。除了上面被中央宣传部大会表扬、新华社转发通稿的超前报道，我还陆续采写并发表了一些为中央政策提前造舆论的超前报道，简介如下：

① 我采写的消息《吉林省委第一书记强晓初指出——要以改革精神落实知识分子政策》，刊登于1984年6月5日《农民日报》。

② 1984年8月我采写并发给《农民日报》的超前报道《给六位农科人员的两万元奖金至今未发——吉林省科委主管奖励人员对省领导机关决定拖着不办》，本报于11月8日刊登。

③ 1991年1月我采写并发给《农民日报》的专访《向效益农业转化势在必行》，本报于3月20日刊登。（1991年3月李鹏总理在全国人大会议期间提出"国民经济发展的重点就是强调效益"。）

④ 1992年12月我采写并发给《农民日报》的消息《要为粮农保驾护航》，本报于1993年1月10日刊登，为中央在年初召开的全国农村工作会议上提出的"要保护农民种粮的积极性"提前营造了舆论。

⑤ 1993年3月22日《农民日报》刊登了我采写的消息《吉林省组织粮食产销衔接促春耕》，为一周后国务院召开的全国粮食产销衔接工作会议提前树立了先行的典型。

⑥ 2007年年初，也就是第十届全国人民代表大会第五次会议前夕，我调查发现：国家发给农民的良种补贴款被农业局扣留，而县种子公司发给农民的种子是劣质的。针对这个问题，我采访全国人大代表发表意见，我写了一篇专访文章《良种补贴应公开公平公正——访全国人大代表、辽宁丹东农业科学院研究员何晶》，于3月5日全国人大会议召开的当天刊登在《农民日报》。此文引起了副总理的重视，责成农业部当年纠正，补贴款由发给农业部门改变为直接补到农民手里。我采写的此超前报道改革了国家补贴政策由拨款农口变为直补农民，既使农民直接受于益国家政策，又防止农口官员贪腐。

五、坚定辩证思维，运用矛盾式写作法

明代思想家、哲学家王阳明在《传习录》一书中写道："知是行的主意，行是知的功夫；知是行之始，行是知之成。"他所阐述的"知"与"行"二者的关系亦适用于理论与实践的关系，"知"亦指理论，"行"亦指实践。联系新闻记者的工作，我体会到：要想有过硬的采写实践"功夫"，必须奠定理论基础"知识"。

根据我的新闻实践体会，新闻工作者除了掌握新闻学的理论知识，尤其需要掌握唯物辩证法。

为什么要掌握唯物辩证法呢？我曾学习了古代及现代思想家的论著，受到一些启迪。

早在12世纪，宋代理学家朱熹就曾指出："反复推之，天地之间真无一物兀然无对而孤立者。"

1915年列宁在《第二国际的破产》一文中阐述："马克思的辩证法是最新的科学进化论，它正是不容许对事物作孤立的即片面的、歪曲的考察。"

1937年毛泽东主席在《辩证法唯物论提纲》一文中论述："唯物辩证法则不然，它是一切具体科学中的一切有价值的一般内容，及人类的其他一切科学认识之总计、结论、加工和普遍化。这样，唯物辩证法的概念、判断和法则，是极其广泛的（包含着一切科学的最一般的法则，因此也包含着物质世界的本质的）各种规律性和规定。"其后1958年《在成都会议上的讲话》还指出："辩证法是研究本质与现象、主流与支流、主要矛盾与次要矛盾。"1957年毛泽东主席在《在中国共产党全国宣传工作会议上的讲话》中还告诫我们："看问题要有历史眼光，要有发展观点，要两点论切忌片面性，不要绝对化。""所谓片面性，就是违反辩证法。我们要求把辩证法逐步推广，要求大家逐步地学会使用辩证法这个科学方法。"

关于唯物辩证法的核心，毛泽东主席对马列主义予以创造性的发展，早在1937年的《矛盾论》一文开篇第一句就提出："事物的矛盾法则，即对立统一的法则，是唯物辩证法的最根本的法则。"继而1965年在《学习马克思主义认识论和辩证法》一文里又强调指出："旧哲学传下来的几个规律并列的方法不妥，这在列宁已基本上解决了，我们的任务是加以解释和发挥。至于各种范畴（可以有十几种），都要以事物的矛盾对立统一去说明。"

通过学习毛泽东主席"事物的矛盾法则，即对立统一的法则，是唯物辩证法的最根本的法则""我们的任务是加以解释和发挥""都要以事物的矛盾对立统一去说明"等一系列论述，并运用到新闻采写实践中，我体悟总结出矛盾式写作法。

为何运用矛盾式写作法采写新闻

我所说的新闻的矛盾式写作法，简言之，即运用矛盾的观点发现、剖析、采访、撰写新闻的方法。为何采用此法呢？毛泽东主席指出："事物矛盾的法则，即对立统一的法则，是自然和社会的根本法则，因而也是思维的根本法则。"新闻写作的全过程亦即思维过程，自然要遵循和运用矛盾的法则。

世界上的一切事物都是矛盾的对立统一体，任何新闻事件或新闻人物都是矛盾个体。内容决定形式，形式反映内容，新闻作品要如实地反映事物的过程和本质就必须以矛盾的视角采访调查事件或人物，以矛盾的红线谋篇布局，以矛盾的笔法遣词行文，诸如矛盾的视角、红线、笔法等，一言以蔽之，即用矛盾的方法全面、确切、生动地展现事物的本来面貌及本质。

此外，这也是新闻的党性原则所要求的。早在1937年毛泽东主席就提出："共产党人的任务就在于揭露反动派和形而上学的错误思想，宣传事物的本来的辩证法，促成事物的转化，达到革命的目的。"列宁曾指出："辩证法就是研究对象的本质自身中的矛盾。"新闻的党性原则要求新闻工作者必须揭示事物自身的矛盾，促进矛盾的转化，达到革命及改革的目的。

新闻是指被简要而迅速地报道的新近发生的事实。那么，无论是采访还是撰写报道皆需要运用矛盾的对立统一的观点和方法。

事物是纷繁复杂的，要想采访到真正的事实，就需要透过表面的现象去挖掘内在的本质真相，去伪存真；否则，就会被表象所蒙蔽，失之毫厘，谬以千里，写出的报道也是负面的误导。

若想做到快速报道，就需要高度的新闻敏感。这个新闻敏感就靠运用历史的眼光＋发展的观点＋全局的意识来快速分析判断所采访的事件是否具有新闻价值。这样新闻才能抓得准、抓得快，否则就转瞬即逝。

若想做到简要报道，就不能面面俱到、眉毛胡子一把抓，就需要过滤采访对象的素材，去粗取精，抓出主要矛盾，在主要矛盾中还要找出矛盾的主要方面。而这个主要矛盾的主要方面才是需要重点报道的本质性的内容，对此浓墨重彩，其余简而略之，即实现了简要的目的了。

从新闻实践上看，凡是在社会上引起轰动效应、产生较大影响的新闻作品大都包含着矛盾的内容，贯穿着矛盾的主线，反映着解决矛盾的主题。凡是有成就的名记者大都是敢于、善于触及矛盾题材的行家里手。

白俄罗斯的资深记者斯维特兰娜·阿列克谢耶维奇以其口述历史式的战地特写《锌皮娃娃兵》摘下2015年诺贝尔文学奖的桂冠。《锌皮娃娃兵》从标题到内容，从结构到语言，自始至终贯穿着矛盾式的笔法。

我在新闻写作实践中深切地体会到：只要是运用矛盾式写作法采写矛盾性题材的新闻，便会不期然而然地产生较大的社会影响乃至成为国家级获奖作品。

关于新闻的矛盾式写作法，我从题材的选取、标题的拟定、结构的安排等三个方面来阐述。

透视现象背后的本质，掘取矛盾性题材

毛泽东主席指出："矛盾是普遍的、绝对的，存在于事物发展的一切过程中，又贯串于一切过程的始终。"世界万物皆存在着矛盾，社会生活纷繁复杂，人物和事件无不包含着形形色色的矛盾。这是矛盾的普遍性和绝对性所决定的。矛盾是客观存在的，但是记者在主观上怎样才能发现、认识客观存在于事物中的矛盾性的新闻题材？这里面又存在一个主客观之间的矛盾，解决了这个矛盾才能进行矛盾性新闻题材的发掘。那么，这个主客观之间的矛盾通过什么方法来解决呢？

毛泽东主席指出："一切事物，它的现象同它的本质之间是有矛盾的。人们必须通过对现象的分析和研究，才能了解到事物的本质。""我们看事

情必须要看它的实质，而把它的现象只看作入门的向导，一进了门就要抓住它的实质，这才是可靠的科学的分析方法。""研究问题，要从人们看得见、摸得着的现象出发，来研究隐藏在现象后面的本质，从而揭露客观事物的本质的矛盾。"这就是告诫新闻记者：只有透视现象背后的本质，才能抓住事物的实质，才能发掘新闻题材的矛盾性。

如果把好新闻比作金子，那么社会上层出不穷的信息就是掩埋在地下或泥沙里的金矿石。这些"金矿石"是宝贵的新闻矿藏，然而不是赤裸裸地暴露在地面，而是夹杂在成千上万的信息的"泥沙"里。好新闻的素材，可能是全息信息的几千分之一，甚或数万分之一。我采访全国时代楷模、种业功勋人物、紧凑型杂交玉米之父李登海先生，他根据自己40余年的育种实践总结出选育成一个新品种的概率是十二万分之一。这是农业科研可以测算出的概率。至于好新闻的素材在信息中究竟是几万分之一，还是几十万分之一，是无法估量和测算的。这就需要从众多信息的"沙砾"中淘金，需要透视呈现在眼前事物的背后所蕴涵矛盾的闪光点。

例如我采写的获得"全国社会主义市场经济新闻奖"的报道。

1993年初正值春耕时节，我到内蒙古自治区兴安盟采访，了解到乌兰浩特市塑料制品厂（后面简称"乌塑厂"）被评为全区优质产品的400余吨农地膜积压在厂里三个多月，其中计划内的240吨生产资料专营单位不给销、计划外的230吨计划部门不准外销。这造成农民急需农地膜而买不到、工厂积压农地膜销售无门的卡壳局面。

对于这件事如何用矛盾的观点去分析呢？

毛泽东主席在《反对党八股》一文中指出："什么叫问题？问题就是事物的矛盾。哪里有没有解决的矛盾，哪里就有问题。既有问题，你总得赞成一方面，反对另一方面，你就得把问题提出来。提出问题，首先就要对于问题即矛盾的两个基本方面加以大略的调查和研究，才能懂得矛盾的性质是什么，这就是发现问题的过程。"

据此，我运用透过现象看本质的矛盾分析法加以剖析。

从表面现象上看，春耕在即农民急需农地膜求购无门，塑料厂农地膜积压欲售无门。而"购"和"售"之门是谁给关闭的呢？是兴安盟政府下辖的计划委员会和生产资料公司，一个不准外销，另一个不给内售。计委说："计划内的任务没完成，不允许销售计划外的。"生产资料公司说："现在是市场经济了，我们也没办法派货。"由此出现了矛盾：塑料制品厂同计委、生资两个单位产生了矛盾。计委扼守计划内的，不放计划外的；生资以市场经济为借口，不执行原来的内销计划。两个单位互相扯皮，最后使塑料制品厂遭受了损失，使农民贻误了春耕生产。

此题材具备矛盾性的内容。分析到此处，还仅仅透视出其矛盾性及尖锐性。用辩证的矛盾法则来说，这是矛盾的特殊性。毛泽东主席指出："矛盾的普遍性和矛盾的特殊性的关系，就是矛盾的共性和个性的关系。""人们总是首先认识了许多不同事物的特殊的本质，然后才有可能更进一步地进行概括工作，认识诸种事物的共同的本质。"

认识到这一点还不够，还必须把这个矛盾性的题材放在全国农业生产资料的政府管理和企业营销的大环境中观察、分析，看这个矛盾性的题材是否广泛存在，是否具有代表性。用辩证的矛盾法则来说，这是矛盾的普遍性。我根据有关方面的调查确认此题材既具有矛盾的特殊性，又具有矛盾的普遍性，在全国农资生产营销和政府管控之间的矛盾普遍存在。因此说，此题材具有广泛的代表性、典型性、普遍性。

透过上述的矛盾现象研究分析其实质：计委部门还是按照计划经济的陈规旧律，该放开的死卡不放；生资公司视市场经济为放任自流，该执行订单的不执行。说到底，虽然进入了社会主义市场经济时代，但是体制和观念还滞留在计划经济旧时期，病根是残存旧体制下的旧观念，不适应社会主义市场经济条件下的新形势，以至于解决不了出现的新问题，影响了经济的正常运行，造成了不该有的损失。

透视出事件的本质以后，我意识到，乌塑厂农地膜积压事件，是市场经济转型初始阶段旧的思想观念尚未转变的典型新闻素材，将对计划经济旧观念抱残守缺的有关部门和领导者提出警示：必须尽快转变计划经济的旧观念，适应社会主义市场经济的新形势，积极助推市场经济的顺利发展；否则，计划经济的旧观念就会成为社会主义市场经济的绊脚石。

鉴于此，我写出了下面的消息，于1993年6月20日刊登在《农民日报》头版头条，并以此报道为由头开展了历时一个多月的《"乌塑厂现象"引出的报道》的全国性大讨论。

消息全文如下：

"计划"与"市场"打架，乌塑厂卡在门槛

—— 400吨优质农地膜人为积压，厂长问：经济损失谁来负担

截至6月初，内蒙古自治区兴安盟乌兰浩特市塑料厂（简称"乌塑厂"）被评为全区优质产品的400余吨农地膜（其中计划内的240吨）积压在厂内已三个多月。曾荣获全市优秀企业家称号的厂长魏春华愤然质问：我厂按指令性计划生产的农地膜，专营单位为啥至今不来提货？我厂生产的计划外农地膜，计划部门为啥设阻不让外销？这人为造成的经济损失谁来负担？

乌塑厂是内蒙古自治区农地膜生产的定点企业。去年10月，该厂在完成计划任务的同时积极扩大计划外生产，并自找市场同绥化、佳木斯等市、县的用户签订了供货合同。今年3月初，该厂发货的火车皮已经申请下来了，计划外的230吨农地膜亟待发往合同订货单位。但盟计委不给盖章，铁路不予外运。厂长找不给盖，市长托也不给盖，说是做不了主，让厂长找盟长去。

接着，该厂厂长找到了×盟长。×盟长说：按道理讲计划外的应当准许外销，不过这话我不能说，因为计划部门不归我管。

继而，该厂厂长又找到了×盟长。×盟长也很同情地说："计划外的农地膜应该让外销，不然压着那怎么行，但是我也不能说这话。"

该厂计划外农地膜被拖来拖去，拖了半个多月，计委也没给盖章。最后厂里便找到了乌兰浩特市市长王裕德。盟计委让王裕德市长与企业分别写出书面保证：一保证外销农地膜不是计划内产品，二保证按时完成计划内任务。就在计委给盖了章的当天，订货用户纷纷发来电报通知说：合同过期，不要发货了。乌塑厂好不容易申请下来的批件，又原封未动地送回给盟计委。销往外省的230吨计划外农地膜就这样连卡带拖变成了泡影，成了过季的积压品堆积在厂内。往年计划内的农地膜调拨计划，为了不误农时均在一二月份下达，并同时安排落实购膜补贴款；今年却拖到四月中旬才下达农地膜调拨计划，并取消了补贴款。作为专营单位盟生产资料公司时至今日也没到乌塑厂提一吨农地膜。该公司经理对乌塑厂厂长说："现在是市场经济了，我们也没办法派货。"找计委，计委说找盟长，找生资公司。致使乌塑厂240吨的指令性计划内产品变成了外销不成、内消不了的积

压品。

该厂厂长魏春华拿着文件对记者说:"4月16日内蒙古自治区还下文让搞好指令性计划生产,要求生资部门及时组织收购。可是咱们这里该放的不放,该管的不管。计划部门强调指令性计划,生资收购部门强调市场经济,让我们这定点生产企业卡在门槛上,前进不了,后退不成,人为造成过季的积压产品,谁来'专营'?投资210万元看不到效益,组织原材料的300万元贷款无力偿还,利息每月须拿2.5万元,车间停产,工人放长假。这些严重的经济损失由谁来承担?"

此消息见报后,在全国引起了强烈反响,就"乌塑厂为何卡在门槛"展开了大规模的讨论。在《农民日报》的《"乌塑厂现象"引出的报道》栏目,参加讨论的有各省省长和国家计委、生资总公司、供销总社等单位负责人以及各地计委、生资、供销部门负责人,还有农资生产企业、政策研究单位、社科院校的有关人员以及干部群众等读者。

历时一个多月,在《农民日报》刊发了8期《"乌塑厂现象"引出的报道》。

大讨论期间,内蒙古自治区兴安盟盟委书记刘凤亭亲自主持召开5次会议,组织盟委、盟行署领导成员及有关部门负责人阅读《农民日报》的报道及讨论文章,提高认识,转变思想,并积极研究解决"乌塑厂现象"问题的措施。

大讨论结束前,我根据兴安盟转变观念、采取措施的实际情况,采写并于1993年7月23日在《农民日报》发表了题为《拆除"门槛"——兴安盟采取措施解决"乌塑厂现象"问题》的综述报道。

有的读者在讨论中认为我采写并发表的《"计划"与"市场"打架,乌塑厂卡在门槛——400吨优质农地膜人为积压,厂长问:经济损失谁来负担》《拆除"门槛"——兴安盟采取措施解决"乌塑厂现象"问题》的报道,"这是旧经济体制消除前的阵痛,新经济体制孕育着的曙光。这是一束真正呼唤和迎接社会主义市场经济的璀璨火花"。

此报道于1994年1月获"全国社会主义市场经济新闻奖"。

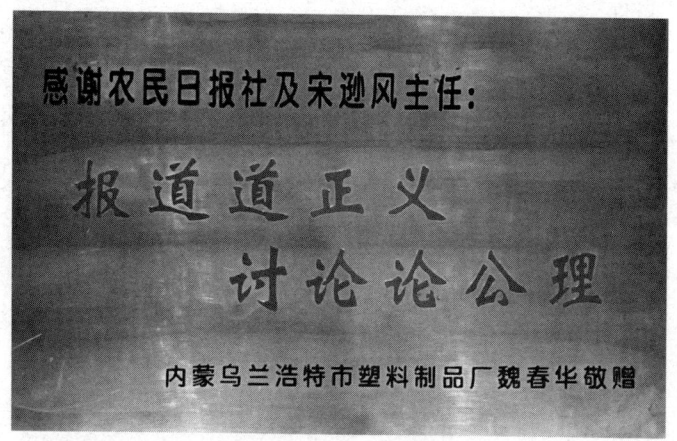

乌塑厂赠送给农民日报社及宋逊风的感谢铜匾

遇到新闻事件，首先透视现象背后的本质的矛盾性，然后将其置于社会大环境中剖析有无矛盾的普遍性。如二者皆具，即可确认其是具有新闻价值的矛盾性新闻。

采用矛盾对立式的标题，凸显矛盾性的主题

矛盾性的题材选定后，如何在标题上简单、明了地展示出来，从而一语中的凸显矛盾性的主题？新闻的矛盾式写作法在标题处理上，采用尖锐对立的矛盾性文字作为标题，借以凸显矛盾性的主题。列宁指出："'事物的客观概念构成事物的实质本身'，——按照唯物主义的说法，就是和我们对世界的认识的实际深化相符合的抽象。"新闻的标题，应当是"事物的客观概念"，所以必须体现事物的实质，必须"是和我们对世界的认识的实际深化相符合的抽象"；简言之，就是借助矛盾性标题凸显本质的矛盾性主题。

例1，获得"中国新闻奖"的"厚养薄葬"系列报道。

首先我根据农村妇女史修云的来信内容，编写了一篇来信式的消息，以事件的尖锐对立的矛盾拟题《简办丧事反遭打击围攻　农家女投书本报讨公道》。其中"简办"与"围攻"构成了一对矛盾，体现了移风易俗与封建迷信的鲜明对立、强烈反差，反映出两种思想、习俗、风气的尖锐矛盾的主题。仅以此摆出矛盾双方还不够，尚需要表示对事件的态度。题中的"反遭"一词体现了我和本报的倾向性，是对"简办"的肯定，对"围攻"

的否定，是对矛盾双方所持的基本态度。此消息是矛盾对立式的标题。

毛泽东主席说："要善于去观察和分析各种事物的矛盾的运动，并根据这种分析，指出解决矛盾的方法。"这个"简办"与"围攻"的两种思想、习俗的矛盾采取什么方法加以解决呢？我拟以此矛盾事件为契机开展一场全国性的大讨论。为了引发大讨论，我写了一篇开展讨论的开篇话。此开篇话的标题采用矛盾锋芒式的文字：

《何为孝敬　何应谴责——"如何为'厚养薄葬'营造良好社会环境"讨论开篇话》

其中"何为……"与"何应……"两个反诘句，批评的锋芒直指对史修云坚持"厚养薄葬"新风尚的打击和围攻，内含对"孝敬"与"围攻"的两种不同观念的矛盾，以此凸显了两种思想、习俗的矛盾性，抨击了"薄养厚葬"旧习，弘扬了"厚养薄葬"新风。

《简办丧事反遭打击围攻　农家女投书本报讨公道》包含着矛盾对立标题的消息犹如导火线，蕴含着矛盾锋芒的《何为孝敬　何应谴责——"如何为'厚养薄葬'营造良好社会环境"讨论开篇话》恰如引爆点，引爆了关于"如何为'厚养薄葬'营造良好社会环境"的大讨论。

大讨论时间长达4个月之久，报纸版面多达11期，在全国引起了广泛的、强烈的反响。在报纸上参与讨论的有18个省、自治区、直辖市的党政领导，有县乡村干部及广大农民，有专家、学者、教授，有中央各有关部委及群众团体负责人。

讨论使矛盾的双方辨明是非，讨论的终极结果就是解决矛盾，使坚持旧风俗的思想和做法的矛盾一方，向弃旧图新的方面转化；使"厚养薄葬"新风尚发扬光大，蔚然成风。正如毛泽东主席所指出的："任何事物的内部都有其新旧两个方面的矛盾，形成为一系列的曲折的斗争。斗争的结果，新的方面由小变大，上升为支配的东西；旧的方面则由大变小，变成逐步归于灭亡的东西。而一当新的方面对于旧的方面取得支配地位的时候，旧事物的性质就变化为新事物的性质。"

通过这场大讨论，广大农村群众逐步认清了"薄养厚葬"的危害及"厚养薄葬"的必要。史修云所在的家乡（睢宁县）县委宣传部、民政局、共青团委、妇女联合会联合发出了《在全县开展向史修云同志学习的倡议书》；原来对史修云讽刺打击的村民和村干部也主动地上门向史修云承认错误,赔礼道歉;各地纷纷涌现出"厚养薄葬"的新风尚;本报讨论的版面陆续刊发了《齐河县铲除坟头3万余》《南康市多种树不修墓》《老红军订下厚养薄葬联合倡议书》《木工声明不制棺》《七旬老人拆棺材》《风水先生弃行罢手》等消息。

此讨论对农村社会产生了重大影响,对精神文明建设起到了促进作用。由我发起和组织的这场大讨论结束不久,中共中央于当年10月10日发布了《中共中央关于加强社会主义精神文明建设若干重要问题的决议》,其中第二十条里明确提出"制定乡规民约,破除陈规陋习"。国家有关部门领导评价此讨论:具有很强的针对性、广泛的群众性、一定的深刻性、正能量的导向性。我撰写的《简办丧事反遭打击围攻 农家女投书本报讨公道》的消息、《何为孝敬 何应谴责——"如何为'厚养薄葬'营造良好社会环境"讨论开篇话》开展讨论的"开篇话"评论及我组织群工作部5名编辑编发的11期的讨论文章,于1997年被评为"中国新闻奖","厚养薄葬"系列报道被收入当代新闻史的典型案例。

例2,获得"全国好新闻奖"的消息《给六位农科人员的两万元奖金至今未发——吉林省科委主管奖励人员对省领导机关决定拖着不办》。

我是1983年被下令调任《农民日报》记者的,于1984年8月初我去吉林省农业科学院采访为农业、农民增产增收做出重大贡献的"101"玉米良种科研组的经验。采访中发现他们不愿意谈育种经验体会,经深入了解我才知道省委、省政府决定发给他们的两万元奖金,省科委拖了近半年也没给。根据出现的这个新情况,我返回省城去调查这两万元奖金卡在哪里,为什么卡。

经我调查有关部门确认,吉林省委、省政府于当年6月份即作出关于奖励该有功科研组两万元的决定,省财政厅也立即照办将款如数拨给省科委。但省科委主管人员声称:"全国科技大会已经奖励一张奖状了,就不再奖了。现在再重奖是怎么回事,算什么奖?没有这个名目,也没有这个等级。"于是把省财政厅拨来的两万元奖金又退了回去。

采访调查后我分析认为,这是对有贡献的知识分子的科研成果不尊重的问题。这里既有不发给科研组奖金的矛盾,也有不执行省领导机关决定的矛盾。于是我将这一件事中的两个矛盾分别拟作主题和副题。包含这两个矛盾的主副题凸显了不尊重知识、不尊重人才的主题。

1984年8月中旬，我写好了这篇消息发给了农民日报社总编室。

1984年10月20日，中共中央十二届三次会议通过了《中共中央关于经济体制改革的决定》，其中第九条明确提出："进行社会主义现代化建设必须尊重知识、尊重人才，同一切轻视科学技术、轻视智力开发、轻视知识分子的思想和行为作斗争，坚决纠正许多地方仍然存在的歧视知识分子的倾向，采取有力措施提高知识分子的社会地位，改善他们的工作条件和生活待遇。""对有重大发明创造和特殊贡献的，要给以重奖。"

我写的消息被总编室安排在1984年11月8日见报，中央人民广播电台早新闻转播。当天，吉林省委第一书记强晓初即召开省委常委扩大会议，决定严肃查处拖发农科有功人员奖金的事件。三天后两万元奖金即发到六位农科人员手里，中央电视台予以播发。

此消息从标题到内容完全符合《中共中央关于经济体制改革的决定》的精神，引起了强烈反响，收到了立竿见影的社会效果，成为配合落实《中共中央关于经济体制改革的决定》的典型报道，荣获了当年的"全国好新闻奖"。

矛盾性的主题确立后，抓取事件中的核心矛盾拟作标题，既概括了事件，又蕴含着主题。为此要做到四个字——凝练、聚焦。凝：凝结主题。练：文字练达。聚：聚合集中。焦：矛盾焦点。

围绕主要矛盾及其主要方面谋篇布局

矛盾性的题材找到了、矛盾式的标题拟定了之后，如何谋篇布局？毛泽东主席指出："研究任何过程，如果是存在着两个以上矛盾的复杂过程的话，就要用全力找出它的主要矛盾。捉住了这个主要矛盾，一切问题就迎刃而解了。""矛盾着的两方面中，必有一方面是主要的，他方面是次要的。其主要的方面，即所谓矛盾起主导作用的方面。事物的性质，主要地是由取得支配地位的矛盾的主要方面所规定的。"根据这一观点，新闻内容就要紧紧围绕事件的主要矛盾和矛盾的主要方面来谋篇布局。

例3. 获得"中国新闻奖"的通讯《农民抢剧团》。

1993年11月下旬的一个周末，我坐长途公交车从省城长春市赴双阳县（今双阳区）采访农业丰收的情况，原定当天采访完返程。在食堂吃饭的时候，我听到县委宣传部部长和县文化局局长的对话。部长问局长："最近忙啥事呢？"局长回答："这不，刚刚研究完各乡镇村屯争抢县剧团下乡演出的事。"常言道："说者无心，听者有意。"闻听此言，我马上意识到，这是一个有重要新闻价值的题材。于是，我对宣传部部长说："我今天不回省城了，晚上连夜采访县文化局局长，明天采访县剧团和农民观众。"经三天的连续采访，我反复思考，确定了"农民抢剧团"的矛盾性题目，确立了"文艺团体及文艺工作者如何尽快转向农村文化大市场，适应即将兴起的农村文艺热"的主题。

这个农民抢剧团的新闻事件，是20世纪90年代初发生的。此乃那个年代整个文艺领域的一个典型现象，所以，必须将其放在那个年代的典型环境中去剖析其中的矛盾。那时的演艺界的情势：由于剧目匮乏，省城、地市级城市的市民大都不喜欢看话剧、歌剧、京剧及各种地方戏，甚至很少进电影院。绝大多数居民都宅在家里观看电视节目。其中电视剧《渴望》竟然出现万人空巷的收视盛况，致使城里的大部分演艺人员赋闲家中，少数演员进饭店、餐馆走穴卖唱。而广大农村有九亿农民的两千多个县，每个县仅有一个剧团，"杯水车薪"，远远解决不了生活好起来的农民迫切需求文艺演出的饥渴。

综观城乡当时演艺状况的畸形，城里剧团多而观众少，但电视节目基本满足了当时市民文化生活的需求；乡下剧团少而观众多，但农村缺"电"少"视"，无法满足广大农民对文化生活的渴求。由此可以求解出主要矛盾是农民多与剧团少的矛盾，此矛盾导致"抢"；矛盾的主要方面是农民，要满足农民的渴求就要尊重他们对节目的选择。

在此剖析基础上，"水到渠成"地分解出三个层次：一是怎么个抢法，二是怎么个看法，三是怎么个演法。

据此，我拟定了与之相对应的三个小标题："争先恐后抢剧团""顶着烈日看节目""农民点啥就演啥"。其中"争先恐后抢剧团"与"顶着烈日看节目"都是紧紧围绕"剧团少而农民多"这个主要矛盾安排的结构，确立的小标题"农民点啥就演啥"是针对矛盾的主要方面——农民的需求而安排的段落、拟定的题目。由此可悟出：只要紧紧围绕事件的主要矛盾及矛盾的主要方面，结构和段落就会"风行水上，自然成文"，文中的小标题也就会"浮出水面"。

《农民日报》刊发宋逊风采写的通讯《农民抢剧团》

此通讯见报后,全国多家报刊转载、电台电视台转播,在各地演艺圈和广大农村反响强烈,引起了文艺界及各级领导对活跃农村文化生活的高度重视。其中，榆树县（今榆树市）委书记在刊登《农民抢剧团》的《农民日报》报眉上作了批示："双阳县抢剧团，我们榆树县怎么办？县委宣传部、县文化局、县剧团和各乡镇的领导要深入村屯农户调查了解农民对文化生活的需求，组织县剧团并联系省里文艺团体把广大农民喜闻乐见的文艺节目送到每个乡村演出。"

从此，双阳县剧团在全省乃至全国出了大名，到各地巡演深受欢迎，农民观众都知道是"《农民抢剧团》的剧团"。

此后，出现了省、市、县三级文艺团体纷纷下乡为农民演出的热潮，包括铁岭市剧团的赵本山等演员走乡串镇搭建农村舞台，表演农民喜闻乐见的"二人转"地方戏、小品等节目。

首先要找出事件的主要矛盾，以此作为谋篇布局的主线；同时找出矛盾的主要方面，以此作为安排结构和段落的主体。主线要体现主体，主体要贯串主线。

获"中国新闻奖"的通讯《农民抢剧团》全文如下：

农民抢剧团

衣食足，文艺兴。在当前全国戏剧舞台不景气的情势下，吉林省农村却涌起一股饶有风趣的农民抢剧团的热潮。它给文艺团体及文艺工作者出了个题目：如何尽快转向农村文化大市场，适应即将兴起的农村文艺热？

争先恐后抢剧团

今年夏天，双阳县评剧团在乡村为农民演出正红火，剧团的领导李凤武、胡少山却急得团团转。这不，剧团给本县一个村的演出刚刚拉开帷幕，周围的乡村、邻县的农民也闻讯赶来邀团，纷纷要求先去他们那里演。宫地村的戏台已经搭好一个多月了，村支部书记索性租辆汽车追着剧团"抢"。德惠县三胜乡的书记和乡长"独辟蹊径"，来找双阳县委侯书记这个老乡说情。梨树县、永吉县和长春市宽城区也纷纷通过"关系"来请……正当双阳县评剧团团长举棋难定时，德惠县三胜乡党委张书记"先发制人"——清晨5点钟，亲自带来三辆汽车把演员、乐队和布景一起拉走了。

就这样，双阳县评剧团从春耕后到秋收前被6个县（区）50多个乡村争过来、抢过去，黄土地搭台，青纱帐为幕，演出420多场，有评剧选段、二人转、拉场戏、小品、歌舞、轻音乐等150多个节目，创造了县剧团的奇迹，成为广大农民看不够、离不开、舍不得的"农家剧团"。

顶着烈日看节目

8月15日莲峰村的农民从邻村"抢"来了双阳县评剧团，把小山包铲平了当戏台，四周山坡当看台，满山遍野的观众15000多人。一连演了4场，把三伙个体小戏班硬是给挤跑了。

9月8日德惠县三胜乡党委张书记通过"走后门"把双阳县评剧团"抢"了过来。人们奔走相告，乡里的街道车水马龙，水泄不通。学校的大操场成了露天大剧场，像装豆包似的一个挨一个坐满了人，男女老幼有16000多人。那天火辣辣的太阳当头照，没有一丝凉风，农民汗流浃背，依然目不转睛地看，全神贯注地听，秩序井然。中午休息时，仍有3000多名观众纹丝不动。演员问他们"为啥不去吃午饭"，他们异口同声地说："去吃饭，回来座位就没了。"

农民点啥就演啥

9月16日宫地村支部书记坐出租车花了几百元车费，终于把双阳县评剧团"抢"到了村里。农民把成熟的庄稼割倒，就地搭戏台，还自愿组合，十家八户为一组，各自包场。他们说："摊派不合理的费用我们不愿意拿，看自己喜爱的节目，情愿掏钱！"

双阳县评剧团发扬当年"扁担剧团"的老传统，以农民为"上帝"，改大剧团为小剧组，变大戏为小唱段，保单一剧种添多样化形式，把评剧选段、二人转、拉场戏、小品、歌舞和轻音乐等150多个节目印成《节目单》交给农民任选任点。

年轻的农民要求演轻音乐、通俗歌曲、现代舞，年老的农民要求演传统戏、拉场戏，还有的内行老戏迷要求"不要打鼓，不用拉弦，要一字一句地清唱，为的是听得真切"。主管业务的副团长胡少山深深理解生活富裕起来的农民如饥似渴要求活跃自己文化生活的迫切心理，代表全体演职员当众表示:"乡亲们请放心,我们全团的节目不演尽不闭幕,你们不满意演员不下台、剧团不离村。"

原定演6场,在农民群众的强烈要求下剧团又演了10场。之后,全村的生产组长把胡团长团团围住说:"你们怕农民给不起钱咋的?为啥不演了?"直到胡团长再三解释说全团的节目都演光了,乡亲们才恋恋不舍地放行。村支部书记代表全村农民说:"戏演得好,看了解渴过瘾。欢迎明年再来,现在就签合同。"

双阳县评剧团给农民带来了精神食粮,剧团用辛勤劳动赢得了农民的爱戴。演出期间农民自愿包伙食,每顿饭8个菜,肉鱼不断。有位农民为了给演员补身子,特意到山上给他们打来只野鸡。剧团回县城的第二天,有的农民就到主演贾淑层等演员家串门。被"抢"的双阳县评剧团同农民群众不仅签订了明年的演出合同,还结下了不解之缘……

（原载于1993年12月9日《农民日报》头版头条）

在新闻采写实践中,我深切地体会到毛泽东主席指出的"所谓工作方法,就是辩证法"的论述,放之新闻写作亦皆准。从这个意义上说,辩证法也是新闻写作的指导法。只要学习掌握了唯物辩证法,采写任何新闻都会得心应手,水到渠成,自然成文。而矛盾的法则,即对立统一的法则乃唯物辩证法的核心、根本的法则。运用矛盾式写作法采写新闻,即能准确地抓住事物的本质、根本的矛盾,从而发掘出具有新闻价值的主题,拟定出矛盾对立式标题,紧紧围绕主要矛盾及其主要方面谋篇布局,纲举目张。循此法采写的新闻作品既有现实针对性,又有普遍指导性;内容具有深刻性,结构富有逻辑性;对社会将有一定的影响力。

六、春秋的笔法　散文的风格

前些年，中国人民大学和武汉大学的新闻学院邀请我去讲新闻写作经验的时候，有的同学问我："您多年从事记者工作，获得那么多国家级的新闻奖，您最喜欢和擅长什么样的写作笔法和风格？"

我跟同学们讲："我时常用春秋的笔法，喜欢散文的风格。"

为什么新闻写作要运用春秋笔法、散文风格呢？

孔子曾说："言之无文，行而不远。"其中，"言"是指语言、文字，"文"是指文采、修辞，"行"是指传播、流传。孔子总的意思是说：如果说话、写文章没有修辞、文采，那么就不会传播很远，更不会流传久远。古往今来的事实也证明了孔子的论断，凡是古代和现代流传下来的名篇巨作都是富有文采的修辞典范。

毛泽东主席是我党办报的"开山鼻祖"，是党报、党刊的首席大手笔。他早在青年时代就创办革命报纸《湘江评论》，在瑞金、延安时期以至新中国成立以后，在我党的《红色中华》《新华日报》《人民日报》《新华电讯》《红旗》杂志等中央的报刊亲自撰写新闻消息、社论、评论员文章等。

毛主席在《对晋绥日报编辑人员的谈话》中就提出："我们党所办的报纸，我们党所进行的一切宣传工作，都应当是生动的，鲜明的，尖锐的，毫不吞吞吐吐。这是我们革命无产阶级应有的战斗风格。"毛主席在《〈中国工人〉发刊词》中说："我希望这个报纸好好地办下去，多载些生动的文字，切忌死板、老套，令人看不懂，没味道，不起劲。"

春秋笔法和散文风格，既有尖锐的笔法，又有生动的文字，所以新闻写作应当借而用之。

春秋笔法

春秋笔法，指寓褒贬评判于曲折文笔之中的写作方法，乃我国自古以来的一种常用的叙述方式和技巧，或者说是一种语言艺术。即在事实的记叙中表现出笔者的思想倾向，而不是通过议论性的文辞直截了当地表达出来。曲笔表达委婉而规矩，而背后的立场、褒贬却十分鲜明。

春秋笔法有五种写作方法，简称"五以"。

一、以少引多，欲说还休。议事论人，点到为止，话不说尽，留有余意。

二、以无胜有，不着一字。有如画龙见首不见尾，发人深思其潜含之意。

三、以彼及此，烘云托月。对主体不正面描写，而通过渲染周边的事物给人以构想空间。

四、以虚寓实，设想幻化。欲写眼前，却着墨未来；欲状现实，却描绘幻境。

五、以浅藏深，言近意远。由浅入深，言短意长。

关于"春秋笔法"，晋代杜预解释如下：

一曰微而显，微言大义，暗含褒贬。

二曰志而晦，记述而隐晦。

三曰婉而成章，委婉而避讳。

四曰尽而不污，直书其事，实录而求真。

五曰惩恶而劝善，笔伐恶而规劝善。

清代刘熙载补充解释："文见于此，起义在彼……故其文虚实互藏，两在不测。"

现代新闻名家认为：越是写得好的新闻，就越善于在内容上客观地展示自己的意见，而不是在形式上主观地裸谈记者的观点。

记者侧重客观陈述事实而非直接采用评论性的语言，注重写实兼写意，追求事实与情感的高度结合。春秋笔法通常是对负面的事物既实事求是地披露事实，又掌握政策分寸，隐含讽喻。

例如，我发表在2008年1月21日《农民日报》上的《揭秘"郑单958"获大奖背后的"变异"现象》的报道。

这个报道的背景：2008年1月8日河南省农业科学院副研究员堵纯信与荥阳市二十里堡镇种子站助理农艺师张发林分别以选育玉米新品种"郑单

958"第一完成人、第二完成人的身份荣获了"国家科学技术进步奖一等奖"。

张发林在繁育田里发现了特殊的变异材料,然后在堵纯信指导下将此变异材料自交培育出新的自交系"郑58",继而堵纯信运用"郑58"与"昌7-2"等8个自交系组配杂交组合,历经18年终于选育成功"郑单958"玉米新品种。至今22年,"郑单958"已经推广到全国30余个省区,增产幅度15%~28%,为保障国家粮食安全、增加农民收入做出了重要贡献。

该品种的产生关键是靠材料的变异而后选育出新的亲本,继而杂交育成新品种。这是育种科研的真实过程。

可是,令人费解的是在上报国家科学技术进步奖名单的过程中却出现了以假充真的怪现象:

一是省农业主管部门的一位领导连堵纯信的试验田在什么地方都不知道,却非要位列第二名不可。

二是国家农业推广单位,本来不是搞育种的,却张口就要三个名额。

鉴于上面的公务员身份的厅领导和事业单位身份的推广人员倚仗权势在报奖名单上争先恐后地"摘桃子"、抢位子、以假充真,我联想到育种材料的变异,我将其类比为"身份变异"列入报奖名单。

还有,令人难以置信的是,最后被国家评奖部门评定为第一和第二名获国家科学技术进步奖一等奖的堵纯信、张发林的技术职称竟然仅分别是副研究员、助理农艺师。进而我联想:没搞科研的领导和推广人员可以"身份变异"成获奖人员,那么真正搞科研育成大品种、获国家大奖的堵、张二人为什么不能"编制变异"晋升功臣职称?

为了披露和抨击以权谋私、欺世盗名的恶劣做法,为了给做出重大贡献的育种专家不匹配的职称鸣不平,我运用"春秋笔法"撰写并在2008年1月21日《农民日报》发表了《揭秘"郑单958"获大奖背后的"变异"现象》一文。

文中我拟了三个小标题,都用了"变异"一词。第一个小标题——"材料变异选出亲本种子"是写实,第二个小标题——"身份'变异'列入报奖名单"是讽喻,第三个小标题——"编制'变异'晋升功臣职称"是借喻。

此文于2008年年初见报后在全国农业系统引起了较大反响。在本文舆论影响下，当年年末获"国家科学技术进步奖一等奖"的堵纯信副研究员终于被破格评为"名誉研究员"。

报道全文如下：

揭秘"郑单958"获大奖背后的"变异"现象

在我国育种界，惯称"南袁（隆平）北李（登海）"，而今中原又崛起了"堵（纯信）、张（发林）"——2008年1月8日，堵、张二人分别以玉米新品种"郑单958"第一完成人和第二完成人的身份获得了"国家科技进步一等奖"的殊荣。堵纯信、张发林、王多成（第三完成人）等何以摘取桂冠？记者采访了解到，本项目历时18年，创建了以耐密为核心的高产育种技术体系，创制出突破性紧凑耐密自交系"郑58"，培育出突破性玉米杂交种"郑单958"，成为我国玉米第一大品种。这项育种成果以种质创新、品种创新、技术创新实现了我国玉米高产育种的跨越，引领了国内玉米育种的方向，支撑了我国玉米生产和民族种业的发展壮大，为国家粮食安全和农民增收做出了突出贡献。

多年试验结果证明，自交系"郑58"繁殖产量比对照高25%以上；杂交种"郑单958"高产、稳产、广适，产量比对照增产15%～28%；综合抗虫害能力强，抗逆性突出，耐密性每亩比对照多1000株左右。据统计，到2006年全国累计推广"郑单958"1.9亿亩，增产玉米110.58亿公斤，增加农民收入106.19亿元。

记者采访中深切感到：育种材料的变异对"郑单958"的育成至关重要，而报奖人员身份的"变异"现象应当禁绝。

材料变异选出亲本种子

对于人类，父母亲的基因决定儿女的体征；对于种子，父母亲本的优劣决定杂交种的好坏，所以发现、选择和培育亲本自交系是选育杂交种的前提条件。通俗说"没有父母即无儿女"，没有亲本也就无杂交种；选好了亲本，杂交种就水到渠成了。

"郑单958"玉米新品种的母本是"郑58"。"郑58"的原名叫"杂58"。"杂

58"的名字，是该自交系品种权人、河南省荥阳市二十里堡镇种子站站长张发林命名的，意即这个杂株是我发现的。

那是1988年8月，张发林在当地繁育"掖478"（李登海选育）自交系期间，在10余亩繁育田里发现一棵植株不像"掖478"，株型矮宽，籽粒色深，质地较硬，品质好。张发林发现这棵异样的植株后，及时向堵纯信推介说："堵老师你看，这棵玉米非常特殊，棒子、株型与'掖478'都不一样。"堵纯信说："那是杂株，愿意种的话，明年可以种种看。"

于是，1989年张发林开始用这个"杂株"进行套袋自交。在堵纯信指导下，经过7代的培育分离，终于稳定下来，产量比"掖478"等高25%以上。到1995年正式育成自交系，更名为"郑58"，参加了河南省区试，开创了从变异杂株选育自交系的先河。

1996年堵纯信退休后，利用该站的土地，主持运用"郑58"与"昌7-2"（丹东农科院选育）等8个自交系组配杂交组合。1996年夏播试验，结果表现良好，体现了亲本的优势。

1997年参加河南省区试，命名为"郑单958"，因为时值国家"九五"计划期间。试验结果排名第一。

1998年继续参加省和国家区试，同时参加省生产试验，三项试验排名均获第一。

1999年，继续参加国家区试，同时参加国家生产示范，排名又获两个第一。自1997年至1999年共6次试验获6个第一。这"六连冠"在我国育种史上前所未有。自2000年，"郑单958"先后通过了国家和河南、河北、山东、吉林、辽宁、内蒙古、新疆、山西等省（自治区）审（认）定。2000年5月12日，张发林申请了"郑58"自交系的品种保护，同年8月28日河南省农科院粮作所申请了"郑单958"的品种保护。

身份"变异"列入报奖名单

堵纯信、张发林等科技人员选育的"郑单958"获"国家科技进步一等奖"的殊荣来之不易，其原因：一是他们历经18年的育种艰辛；二是张发林、王多成等的名次曾两易其位，第一次上报的奖励名单，前三名并没有张发林、王多成。

直接参与"郑单958"选育的单位和个人理应获得奖励名额，根据创新程度、贡献大小排定名次。可是，报奖伊始，多方伸手，与此项目"七不沾八不连"的，也竞相索要名额。有的不是搞育种的，但倚仗有关部门的关系，开口就要三个名额，最后因为名额有限，结果不得不只给了一个。还有的省里主管部门的领导，连堵、张的试验田在什么位置都不清楚，居然也列入了报奖名单。

奖励名单上报后，国家主管奖励部门提出两点异议：一是前三名必须是有创新点的主要完成人；二是公务员不能列入。据此又重新进行了调整和删改，使"变异"的身份又复原。

这个关把得好，使"变异"身份的非完成人远离了报奖名单，使付出艰辛、科技创新、做出较大贡献的真正育种专家适得其位，使科技评奖符合实际、公平合理，维护了评奖的科学性、严肃性，践行了科学发展观，营造了实事求是的科技评奖氛围。

编制"变异"晋升功臣职称

荣获"国家科技进步一等奖"的"郑单958"玉米新品种的第一完成人堵纯信，至今还只是个副研究员职称，第二完成人张发林还仅是个助理农艺师（初级职称）。

堵纯信从事玉米育种40多年。在职期间，他先后参加主持选育出"郑单2号""c郑单2号""郑单7号""郑单13（豫玉17）""白玉109（豫玉19）"等玉米优良杂交种，并应用于生产。他获得河南省重大科技成果奖2项，科技进步一等奖1项，农业综合技术开发进步奖2项。1996年退休后，堵纯信继续搞玉米育种工作，从而选育出"郑单958"优良杂交种。他由于是退休编制而不能再评研究员了。

张发林是20世纪60年代高中毕业生，1977年以来从事种子繁育、选育工作。因为编制是合同制工人而不是国家干部，县里推荐张发林申报农艺师（中级职称）；可是市里不予批准，只批了个助理农艺师。

像以上两位荣获"国家科技进步一等奖"的主要完成人，多年从事科研工作，对国家、对科技进步做出较大贡献，是否能够"变异"编制，给他们破格评定适得其所的职称？

据了解，"郑单958"于2006年获得河南省科技进步一等奖的奖金，至今尚未发到主要完成人的手中。掌控人称：获得省科技进步一等奖，大家都做工作了，上边没有文件，所以没法分配奖金……

（原载于2008年1月21日《农民日报》）

作者附记：此文于2008年年末收到了反馈效果——获"国家科技进步一等奖"的第一完成人堵纯信副研究员被破格批准为"名誉研究员"，河南省委组织部副部长专程出席颁奖仪式，将职称证书和2万元补贴发给了堵纯信。河南省委、省政府奖给堵纯信的"科技杰出贡献奖"的奖金，河南省农科院也分给了他10万元。

散文风格

为什么要提倡新闻的散文风格？

古人说："文者，贯道之器也。"

习近平强调："要坚定文化自信。""我们要坚持不忘本来、吸收外来、面向未来，在继承中转化，在学习中超越，创作更多体现中华文化精髓、反映中国人审美追求、传播当代中国价值观念、又符合世界进步潮流的优秀作品，让我国文艺以鲜明的中国特色、中国风格、中国气派屹立于世。"

文化自信，就要求新闻也要自信。西方新闻学讲新闻作品要有5个W，即何时、何地、何事、何因、何人。我国古代传统散文有自己的4个W，即起、承、转、合。这应当成为我们现代新闻作品继承和创新新闻散文风格的宝贵的"贯道之器"。

新闻写作的散文风格，包括新闻的形式和结构吸取散文自由、活泼的特性，叙述、描写运用形象的东西来表现，语言文字要讲究文采、富有艺术美感。有些情景性的新闻，适宜展现意境，抒写诗情画意，以叙事为主，情景交融，升华议论。

散文的写作方法有哪些可以汲取的？

被誉为"东方黑格尔"的清代哲学家、文学家、文艺理论家、书法家的刘熙载系统地总结了散文的写作方法，提出了"理、志、情、意、识、气、辞、法"8个方面。

下面对刘熙载关于散文的8个写作方法，逐一加以解释说明。

1. 理

"志、情、意、气"属于作者主观方面的东西,而"理"却存在于客观事物之中,故置于首位、第一条。

真实地反映客观事物,关键是在于明"理",因此他说:"文无论奇正,皆取明理。"明理就必须有真知,于是他说:"言此事必深知此事,到得事理曲尽,则其文确凿不可磨灭。"他把"理"又分为4类:道理、义理、事理、情理。

道理,是将问题提升到哲学的高度;义理,是指辨明言行的是非;事理,是说明具体事物的规律;情理,委婉地表达人的感情。

散文中这4类"理",往往兼而有之,并非截然分开。

"理"就是事物的本质和规律,散文中的形象思维,"理"在形象中。散文不仅有形象,而且还需要"明理"。

歌德曾指出:"凡是美的,确实都是合理的。"古今杰出的散文都是形象优美、理在其中的。

2. 志

志,是作者对待生活的态度和思想的倾向。刘熙载说,志是"文之总持",即是散文的统帅。散文反映"志",亦体现作者的品格。

3. 情

情,是洋溢在散文中的情感,是作者与读者沟通感情的纽带。刘熙载提出,作者由"情生文",读者由"文生情"。在情感上受到感染、感动,读者才能与作者共鸣。

4. 意

意,是指作者对所写的事物的想法,反映作者的立场、观点及审美感。意,也就是通常说的主题思想,对理、志、情和文辞的安排处理起主导作用,意支配着写什么、怎么写。所以写散文需要首先立意。作者心中内含的深意,亦可以通过文章表达言外之意。意,求新、求深,"意新"可以见散文的新境界,"意深"可以见散文的含蓄程度。意,包含纵横发挥的想象力。意,是作者写作散文时的主宰,由此表现出思想高度和艺术高度。

5. 识

识,是作者对世界万物、社会生活的认识。有识才能通万物的理,情志才能高。刘熙载说:"文以识为主,认题立意,非识之高卓精审,无以中要。"只有见识高超精审，才能有很好的立意以及高深的审美识力。散文写什么，作者必须先了然于心，然后才能了然于手。这个"了然"就是"识力"。

6. 气

气，是由作者的气质喷射出来透在字里行间的生气。气，是形成独特风格的作者性格的主要表现。气，犹如水一样，能把语言浮起来，并能决定语言的长短、声调的抑扬顿挫。每个人的气质不同，所用的语言和节奏也不会相同。我所说的气质，则是指那些决定一个人的性格的气质。

我国古代讲文气主张"刚气不怒，柔气不慑"。

7. 辞

辞，是指语言的文采。写作对文采有三点要求：

一是不要"过"与"不及"，文采过多，繁花损枝就是过，缺乏文采就是不及。

二是文中用字"在当不在奇"。选择确切而意味深长的词句，不要刻意标新立异。

三是词句的音节要求自然、流利、谐调，然而在应当拗处则拗一下，会显得古朴一些。

8. 法

法，是指散文的写作程序。这里说的"法"，包括四个方面：褒贬是非要有一定程式的"义法"；按照事物变化的规律——理，运用正叙、带叙、详叙、约叙等程序变化错综地来写的"理法"；用来表现人物或作者内心活动的"意法"；一般写作程序的"文法"，提出文中要有"眼"。如果"主旨"在开头点明，眼睛就要随时注意开端，逐步深入。如果"主旨"在后面写出，眼睛就要随时注意后面，直至矛盾的解决。

对待"法"既考虑全面又讲究辩证，"法高于意则用法，意高于法则用意"。这就是说，如果说应该怎样写比我想怎样写好，就照应该怎样写去写；如果我想怎样写比应该怎样写好，就照我想怎样写去写。

刘熙载认为，我想怎样写就能怎样写，这正是法则融会贯通于胸中的表现。他所喜欢的文章的特色，乃"风行水上，自然成文"。尤其是"无端而来，无端而去"的文章，其实是指富有文采而又无刻意雕琢的痕迹。他用形象而含哲理的话说："文之神妙，莫过于能飞。"

古代散文的风格，刘熙载简述如下：《国策》《史记》长于疏，《左传》

《汉书》长于密，王安石长于扫（除旧），苏轼长于生（创新），等等。

以上，是刘熙载对我国传统散文写作方法及风格的简要综述，对我们新闻写作有借鉴之处，有助于新闻在真实性的基础上写得生动、活泼、形象、情景交融，富于哲理，增强可读性。

新闻散文风格的笔法主要有四种可以借鉴，包含写意、引申、评点、兴波。

1. 写意

写意，是借鉴中国国画的一种笔法。散文化新闻，是指以简练的语言侧重传神，写人、叙事不求详写铺叙，只求把人物写活，将事件写生动。经常运用以虚带实的方法，概括地将事物的特征和人物的精神写出来。在反映事物、精神的关键处，或者在最能表现人物特征、特性、品格的地方，可粗中带细，着意重笔铺写。

2. 引申

引申，是指凭借想象、联想，围绕事件或人物向某些方面延伸展开描写或联想，包括纵式引申、横式引申、多边引申及稍带一笔的写法。不论是引申还是稍带一笔，都须与中心事件或人物有着内在的联系，这就是散文"形散神不散"的特性。

3. 评点

评点，是指在新闻作品的关节点处，记者直接点明自己的观点。但是，不能随意地随处乱评点。

（1）评点的位置

通常在以下三处：

一是在从感性到理性的飞跃、升华处；

二是在叙事、写人中穿插进行，或是对叙事、写人的总结，或是直接抒情言志，可以调节全文的节奏；

三是在全篇的末尾加以评点，如以豹尾结束全文，又如画龙点睛点明主旨。

（2）评点的方式

一是公开评点，就是用明确的语言直截了当写出作者的观点。用词清楚明了，有助于引发读者思考和共鸣。

二是暗中评点，运用曲笔或间接的方式含而不露地加以评点。可以运用象征性的词句，或者借用文中的寓意物来评点。

三是反复评点，就是选择关键的词语在文中重要的节点多次评点，起到强调、凸显作者的思想观点或感悟情愫的作用。

（3）评点的要求

一要与叙事、写人紧密联系。从叙事、写人中概括出来，或自然而然地升华出来，而不是画蛇添足、节外生枝。

二要形象含蓄，既贴切，又富艺术性；既带哲理，又添余味。

4. 兴波

兴波，是指在行文中制造波澜，使文章富于变化。新闻篇幅短、节奏快，波浪曲折、骤起骤落、多姿多彩，可以增强感人的力量。

兴波的方式主要有以下4种：

（1）急转弯式兴波

叙事、写人时按照正常的方向顺序发展下去，逐层递进，直至推向高潮。此刻笔锋陡然来个180度的急转弯，骤然激起波澜，令读者别开生面、另辟洞天，把读者带入崭新的境界。

（2）情变式兴波

记者对于人物经历、事件发展的感触常处于变化中，根据感情的变化在行文中掀起波澜。

（3）抑扬式兴波

为了凸显主题，或者为了强调主线，可采取欲扬先抑、欲抑先扬、扬扬抑抑、抑抑扬扬4种方式，使文章跌宕起伏。

（4）借议论兴波

借议论兴波，即是在从感性到理性的突变的描写中，借助议论点化出令人惊叹的不平凡的侧面，以此激起颇具哲理的语言波澜，冲击读者的心灵，从而感染读者。

新闻的散文风格有以下五个要点：

第一，形散而神不散。形散，主要是指取材广泛自由，形式变化多样，表现手法不拘一格，可叙述事件的发展，可描写人物的形象，可托物言志，可借景抒情。神不散，是指文章的立意要明确而集中，主题要鲜明，一以贯之。

为此，所选取的素材要跟主题思想有内在的紧密联系，在结构安排上要用一条线索将各个段落、层次贯串成有机的整体。

第二，内在有本质，外在有形象。散文式的新闻在真实性的基础上，力求用形象的手法加以表现，要有立体感、画面感。

以意境的开阔、幽邃及行文的疏畅、婉转见胜，讲究结构和布局，要求在素材剪裁、提炼和集中上巧用匠心，能于疏朗中见紧凑，活泼中显严谨，曲折展延，渐次"化"出主题。

第三，细节生动，意境深邃。散文式的新闻要善于用细节表现人物或事件，并运用细节展现美好而深邃的意境。细节给人打下深刻的烙印，意境给人构筑遐想的天地。

第四，抒情自然，议论深刻。散文式的新闻在记述事实的基础上有情而抒，有感而发，即景中有情，情中有理，自然而然地抒发记者的感情，借题发表深刻的议论。抒情要抒发真情实感，议论要精辟、有的放矢，能够激发读者的情感，引发读者的思考，既有感情的慰藉，又有思想的升华，富有哲理。散文中的写景、抒情、论理要自然、巧妙、含蓄，有机地凝为一体，做到景美而不浮华，情深而不毕露，理正而不生硬。

第五，文采新颖，艺术上有韵味。散文式的新闻语言优美而新颖，修辞丰富而多彩，介于浓妆与淡抹之间，既朴实又优美。在描写上，尽量运用白描的手法。

新闻的散文风格的形成，需要学习古今优秀经典的散文，汲取前人尤其是名人的经验，经受日积月累的熏陶和坚持不懈的训练乃至自我创新，即所谓"熟读唐诗三百首，不会吟诗也会吟"。

关于我喜欢散文的文体、惯于运用散文风格撰写新闻的缘由，得从我上中学谈起。上中学的时候，当时有文学、汉语两科我比较感兴趣，再加上考大学的作文大都要求写记叙文。而记叙文又是散文文体之一，于是凡是名作家的散文集我都到书店买来读，诸如杨朔的《雪浪花》、袁鹰的《风帆》、刘白羽的《红玛瑙》、秦牧的《艺海拾贝》等，尤其是《古文观止》中的历代名篇我还要熟读乃至诵背。读来读去，我被他们的散文风格潜移默化感染了。

考上大学以后边办校报，边给省市报刊投散文稿。毕业后被分配到农村师范教中文，靠写报道被调到县委宣传部新闻科，又重操"旧业"发表散文。

在党委讨论我入党问题时，党委书记读罢我刚刚发表在《吉林日报》的长篇散文《翠竹青青》充分肯定地说："从这篇颂扬党的散文看，宋逊风同志对党有深刻的认识，有深厚的感情，同意该同志入党。"

散文作证我加入了共产党，散文还使我成为中央人民广播电台的《各地之声》兼主笔。

我被省广播电台调去当记者、编辑以后，我发现写广播稿写得再好，也是播完了就无影无踪了。于是，我在办公桌的玻璃板下写下四个大字"扬长避短"，意思是要发扬我擅写散文的长处，规避广播稿转瞬即逝的短处。凡是到外地采访，我总是要想方设法去抓取可以写通讯的题材，然后将采到的题材写成通讯，一给电台广播，二给报纸登报。久而久之，我成了中央人民广播电台《各地之声》栏目的"专业户"主笔。

还记得，我采写的长篇人物通讯《明白人当家》，是记叙吉林省梨树县农村知识青年王传景带领农民脱贫致富的事迹。这篇散文风格的长篇通讯，在中央人民广播电台《各地之声》栏目广播的那天，由著名播音员铁城朗读长达20多分钟，在梨树县乃至全省影响很大。由此王传景成为全省的典型，被选为省劳动模范。

1983年初，我采写的长篇通讯《来自人参故乡的报告》，我用散文的笔法浓墨重彩地描绘了长白山令人神往的雄伟壮观，展现了"三江（松花江、鸭绿江、图们江）之源"长白天池的浩渺深渊，长白瀑布"飞流直下三千尺"。这篇通讯介绍了长白山富饶的宝藏、长白山人参栽培的悠久历史和辉煌的今朝，讲述了长白仙子的神话传说和参农挖出百年大山参送进人民大会堂的佳话；还特别着重报道了改革开放的经历，参场技术人员科技创新的成果，以及人参生产逐年扩大、产量连年翻番的可喜成就。

这篇新闻通讯，我运用了散文写作的如下手法：

（1）标题

《来自人参故乡的报告》

用"故乡"一词拟人化，"报告"表示新闻报道。

（2）开头

您知道东北有三件宝吗？

以设问开头，作为通讯的导语，引导出全篇的下文。

（3）过渡段

描写长白山峰、长白天池、长白瀑布的景观，分别用了三个比喻"披挂着皑皑的银装"（兼拟人）、"像一轮明镜"、"倒挂的银河"，如电影的远镜头推出画面。

此写景，不是为了写景而写景，只是作为背景引出新闻的主体——人参。

（4）转入主体段

一个"然而"转折连词，承上启下，转而引出主体——人参。

（5）新闻主体段

通过叙述，介绍人参名字来源、悠久的栽培历史、现实发展成果等多项内容。

汲取了散文"形散而神不散"的特性。形散：兴会所致，涉笔成篇，长短不拘，文理自然。神不散：题旨透彻，脉络醒豁，疏密虚实，熨帖无痕。

在概括叙述后又用聚焦的特写镜头，重点突出详述了技术员夫妇的科研创新成果，并由他们自己讲述了获奖情况及人参皂苷在医疗保健上的显著作用。

接下来，运用了两段插叙：先是讲述年轻参农那瓜"三遇三放人参姑娘"的美丽传说，而后叙述了四名参农进山两天两夜挖到将近一斤重的特大野山参的艰辛经历。

（6）结尾段

用描写长白山门槛人参仙子的形象雕塑，及其塑而停、停而塑的过程，衬托、引申落实党的政策的反复经历，集中揭示和深化新闻主题，也就是散文式写作的"立意""题眼"。

结尾以前的5段记述和描写，有古史今事，有风景，有故事，都是为结尾段铺垫、烘托。前5段与这第6段结尾的立意、题眼的关系，就像先推出平畴而后兀立高峰。

这样谋篇布局是根据"散文贵在立意"。立意就像贯串珍珠而成项链中间的线绳，即新闻通讯的主题思想，一以贯之。要求记者细心观察，善于捕捉生活中感受深刻的事物，纵横开掘，揭示出其中的内涵和象征意义。

为了更深刻地表现主题思想，需要围绕主题进行联想，联想须深远，能放能收，舒卷自如。从自然景物联想到社会的生活，从平凡事物联想到深刻的道理，从现实斗争联想到历史的经验，等等。

散文式的新闻中的联想要求具体而不能离题太远，要贴切而自然。为了突出主题，往往将诸多生动的实例穿织在丰富的联想之中，形成鲜明的形象。若要使新闻题材能触动读者强烈的感情，使读者思想起伏如潮，尤其须以深远的联想驰骋其情，飞翔其意。

宋逊风在采写《来自人参故乡的报告》期间登临长白山天池

我最难忘的是这篇通讯的点睛之笔：在叙述党的改革开放政策逐步落实、人参生产由受限制到大发展中，描写了长白山门槛处矗立的人参仙子雕像经过了塑了拆、拆了塑的反复，来比喻落实党的政策的艰难过程。

这一大段文字在最后定稿的时候，编辑部的领导非要把关于人参仙子的描绘以及雕像的塑立、拆卸、再塑再立的反复过程删除掉。

我一而再，再而三地恳求："这大段文字千万不能删掉，这是全篇主题的题眼、画龙点睛之笔。"几乎到了哀求地步，最终总算给我保留下来了。

也正是由于我坚持勿删而保留原文的这个关键段落，将全篇统而贯之，才使此通讯获得了中央人民广播电台《各地电台编排的节目》单项奖。中央人民广播电台编印的《各地之声》一书中,对此获奖通讯点赞之处恰恰是我强烈要求保留的这大段"借喻"的文字。

宋逊风采写的录音通讯《来自人参故乡的报告》荣获《各地电台编排的节目》单项奖

中央人民广播电台《各地之声》一书对我采写的获奖通讯《来自人参故乡的报告》的评点,全文如下:

这是一篇丰富、充实的"报告",它介绍了长白山区人参的历史和特点、参业的发展、参业的科研、参农的生活和劳动,以及许多关于人参的美妙传说。把这么多的材料比较恰当地组织、安排到一篇录音通讯里,可以想见记者所下的功夫。

对巍峨雄伟的长白山,记者描绘得令人神往;对长白人参的形体、特点,记者的介绍形象、具体;对人参丰收的景象,记者笔下流露出喜悦之情;具有传奇色彩的人参姑娘的传说,记者娓娓道来,很有些情趣……

这些虽不乏动人之处,然而,就全篇来说,这只是"绿叶"。参场技术人员的创造性劳动,四位参农挖出那棵生长了一百多年的大山参的艰辛和欣慰,特别是人参之乡在落实党的路线、方针、政策方面经历的曲折之路,才是报告的"红花",起到了深化主题的作用。

调整参业布局,落实党的政策,一般容易写得枯燥。记者借人参仙子塑像的几起几落,来抒情、叙事,又穿插了基层干部的简短明确的讲话,这比起单一的叙述，效果要好。

这篇录音通讯全文如下：

来自人参故乡的报告

您知道东北有三件宝吗？一是人参，二是貂皮，三是鹿茸。地处祖国东北边陲的吉林省就是盛产人参的故乡。在这里人参的历史源远流长，人参的传说美妙神奇，参农的佳话精彩动人。

那巍峨雄伟的长白山峰，披挂着皑皑的银装，矗入云天；那碧波浩渺的天池，像一轮明镜镶嵌在长白山巅；那气势磅礴的长白瀑布，如倒挂的银河穿云破雾飞流直下。长白山，令人心驰神往。

然而，长白山的神奇，还在于它蕴藏着无数珍贵的宝藏。人参，即是长白山的宝中之宝。人参自古以来就是最珍贵的滋补品，人参的主要功能是大补元气，强壮身体，益寿延年。

人参名字的来源，是因为它形体像人，胚胎孕育九个月才破土萌生，所以人们都约定俗成地称它为"人参"。长白山的人参又别具特色，脖短肩宽，身体修长，体形美观。

翻开浩繁的史册，我国是世界上最早发现和应用人参的国家，至今已有两千多年的历史。

吉林省栽培人参的历史也有三百多年之久。但在新中国成立前参业的经营者寥寥无几，新中国成立后的参业生产虽然有所发展，可是步子缓慢。党的十一届三中全会以来，由于落实了党的各项参业政策和生产责任制，调动了广大参农的社会主义积极性，长白山的参业生产蓬蓬勃勃地发展起来。长白山区建立了四千多个国营参场及社队办的参场。

今年春天，报告人参丰收信息的棒槌鸟一个接一个地往长白山里飞。秋天起参时节，记者来到长白山采访时，所到之处果然是一派人参丰收的景象：那一片片参棚鳞次栉比，随着山势层递延伸开去，就像那经霜的红叶层林尽染，一望无际。抚松、集安、靖宇、长白、通化等县的人参生产都比去年大幅度增产。人参的品种也不断增加。过去的长白山人参只有抚松县的"抚松芦"一种，近年来又出现了集安县的"边条参"、靖宇县的"多茎参"、长白县的"长白参"，使我国的人参在国际市场上大大提高了竞争能力。就拿靖宇县的"多茎参"来说吧，它与众不同。一般的人参大都是一个脑袋瓜，又短又粗；而多茎参长着两个到六个脑袋瓜，脖短肩宽，身材颀长，体形优美，可占据国际市场上人参的领先地位。

随着参业的发展，人参的加工和应用也日益广泛，人参的产品也越来越丰富多彩。如今，吉林省的人参产品已经发展到数十种，有健身益寿的各种人参酒，还有人参雪花膏、人参发乳、人参珍珠霜等十多种系列高级美容佳品，不仅深受国内市场的欢迎，还远销二十多个国家和地区。

俗话说：参宝，参宝，人参浑身上下都是宝。可是，千百年来由于参业科研发展缓慢，人们只局限于人参的地下根部的药用，而使含有效成分——人参皂苷最多的人参茎、人参叶白白地腐烂在地。靖宇县一参场的技术人员杜尔逊和刘玉珍夫妇为了进一步挖掘人参的药用价值，充分利用人参的茎、叶、花、果给人类造福。他们在缺少国内外资料的情况下，由专家帮助，经过五年多的刻苦研究，摸索出一套工业化提取人参皂苷的生产工艺，填补了参业加工研究的空白，为祖国的医药宝库增添了光彩。

现在，我国的第一座人参皂苷厂已经在靖宇县试车投产。在人参皂苷厂，我请技术人员刘玉珍同志谈谈这个厂的生产情况。她说："我们这个人参皂苷厂是利用人参的地上部分——茎、叶、花、果，从过去被人们扔掉的部分提取人参皂苷，废物变成宝，开拓了人参药用的新途径，获得农垦部科研成果奖。如果把全省的人参茎叶都利用起来，可以变为巨大财富，产值能够达到一个多亿。我们提取的人参皂苷经过1299例临床试验的结果证明，它的主要作用是调节血压、降低血脂，辅助治疗癌症，譬如说对放化疗的毒性有抵抗、减低作用。"

吉林省的长白山，是美丽的山、富饶的山、神奇的山，她不仅蕴藏着丰富的人参资源，还传颂着美妙的人参仙子的传说。

传说，很早很早以前，穷苦的挖参老汉阿玛带领儿子那瓜追随着报告人参信息的棒槌鸟进山挖参。老汉希望儿子得到一棵珍贵的扇子形的人参，卖得一笔大钱，娶上个好媳妇。父子俩到了深山老林的参天古树下，真的遇到了美丽的扇子参姑娘。可是善良的那瓜却把她放了。那瓜三年三次进山，三次遇到了扇子参姑娘，三次都放走了她。老汉阿玛担忧好心的儿子得不到好报。然而，扇子参姑娘却深深地爱上了那瓜这个勤劳、善良的好后生。第四年，参姑娘自己来到了那瓜的家。打那以后，那瓜耕耘，参姑娘播种，使长白山满山遍野生长起人参珍品，由此长白山便成了人参的故乡。

传说里的那瓜为了得到珍贵的山参，历经艰险，挖参三载。如今长白山参农要获取一棵宝贵的山参，尤须洒下艰辛的汗水。

您到过北京人民大会堂吗？那里的吉林厅展出一棵生长了一百多年的九两二钱重的大山参。这棵大山参是吉林省抚松县四位参农在长白山挖出来的。参农耿立新回忆他们是怎样发现那棵大山参的时候说："1981年我们四个人一伙到大黑山里去，待了半个月也没见到一棵参。到最后那天，我们才发现了那棵大棒槌（当地人对人参的称呼）。当场发现的时候有点不识货，太大了，五个颈长在一起，就像大圆桌形状。我们看了半个小时，后来挖出了一根须子，才确认是棵棒槌。当天晚上在那棒槌跟儿住下了。我们四个人一直挖了两天两宿才下了山。"第二天，那四位参农把挖到的大山参送给政府收购。吉林省政府决定将它送入北京人民大会堂，供全国人民和世界友人观赏。

我在人参故乡采访期间，在长白山的门槛，看到花团锦簇的梅河口站前广场有一尊高大、洁白的人参仙子的雕像。这尊人参仙子梳着古式的高发髻，身着微风撩卷的白色衣裙，手擎艳红的人参果，凝神巡视长白大地，仿佛在那里播撒着人参良种，在蓝天白云的映衬下，就好像天上的仙女下凡来……

据当地的人讲，这尊雕像是1980年开始兴建的。可是，塑了又停，停了又塑，两三年也没塑成，直到今年夏天才把这尊人参仙子的雕像矗立在长白山的门槛。塑立人参仙子的反复，正反映了长白山区这几年不断调整参业布局、日益落实党的参业政策的过程。这里的一些县及乡村多年受"以粮为纲，全面砍光"的"左"的影响，不重视参业生产。三中全会以后，对重新调整参业政策，这里的干部和群众起初心里还不托底；后来，党的政策逐渐深入人心，给参农吃了定心丸。

抚松县北岗乡党委书记刘永江同志对这方面的体会是深刻的，他说："我们乡是人参生产重点乡，是个老参区，在发展参业生产上有些自然优势。但是，过去发展参业生产受到各方面的限制。三中全会以后，我们县围绕生产方针问题展开了讨论。去年全乡生产15.4万斤人参，今年增加到18万斤，发展人参的自然优势得到了充分发挥。经过这两年的实践，确实体会到了调整政策的甜头。"

随着党的政策的逐步落实，就连半山区的海龙县也因地制宜大种人参。县委书记周济昌同志今年春天踏查了海龙县的山山水水，他发现全县拥有发展人参的丰富自然资源，可是原来种参的乡村却想收拾参帘不种了。周济昌亲自带队，三下集安县学习经验，落实了参业政策。原来不打算再种参的5个乡今年又扩大了参业面积，还有13个乡也挖掘本地资源潜力种上了人参。全县由去年的4万帘猛增到8万帘，整整翻了一番。

党的政策不仅打动了长白山区的广大干部农民的心，也感动了雕塑艺人。今年初夏，人参仙子的塑像终于矗立在梅河口站前广场的花园中央。

这尊洁白的人参仙子塑像，不是普普通通的艺术作品，它是党的政策落实的标志，它是吉林人民利用长白山资源，发扬中华民族种参传统，为四化多做贡献的决心的象征。它向人们展示：人参仙子过去是祖先理想中的神话形象，今天已变成了吉林大地的朵朵参花……

（中央人民广播电台1983年11月22日播出）

文闻相因，水乳交融

——著名作家萧军同宋逊风交谈散文与新闻

一九八三年五月二十一日，农历时逢"小满"，北国春城入春以来的第一个和煦天。在长春市的"长白山宾馆"，我采访了七十六岁高龄的我国著名作家萧军。萧老容光焕发，精神矍铄，简直不像年逾古稀的老人。

由于萧老和蔼、热情，我也就毫无拘束地请他先谈谈这次来长春的观感。

萧老一往情深地谈道："长春是我的第二故乡。我十岁的时候到的长春，一直到十八岁才离开这里。这次回来的观感很深，我们的社会主义国家，天天都在改革。我在长春生活那个时候，还没有如此壮观的十几层的高楼。我看到今天长春新貌，心里异常兴奋。"

萧老谈到这时，身子靠向沙发，仰面笑了起来，引用《礼记·大学》里的名句继续说道："'苟日新，日日新，又日新。'倘若再过一个时期，长春又是个什么样子，那可就很难说了，恐怕是日新月异了。这是历史发展的必然，也是我这个乡亲对长春的希望。"

这位著名老作家，家在北京；可是他到了长春，虽不是家乡，却胜似家乡。萧老在长白山宾馆住宿虽只短暂几日，然而，他并不认为是来做客，而是来"住家"。他把自己看作长春人，他也不把周围接触的长春人看作外人。萧老告诉我："刚才，宾馆的负责同志向我征求意见。我直言不讳地给他们提了几条建议。因为长春是我少年时代的故乡，我同长春这座美丽的城市是有感情的，我同长春人民是休戚与共的。一个当年在她怀抱里成长的孩子怎么不希望自己的'母亲'更加健康呢！"

萧老与我攀谈了他对长春这个第二故乡的乡情，我油然而生亲切之感。于是，我便敞开话题，谈及新闻同散文写作之关系："萧老，我们青年记者总喜欢运用文学的手法来写新闻，试图把新闻散文化，通讯报告文学化。我们之所以这样做，是从读者的现代精神生活需要出发，以期读者在获得新闻信息中，也得到一些艺术上的陶冶和精神上的享受；同时，也为了增强新闻的可读性。因为单纯地叙述新闻事实，往往容易干瘪、乏味；若贯之以散文的笔法、形象的语言，就像往菜肴里添加味精一样，使新闻味道倍增，感染力强化，读者便易于接受和吸收，会收到纯新闻写法所无可比拟的效果。我的这个粗识浅见不一定对，还望您这位老作家、老编辑指教。"

萧老早年也曾办过报纸，当过编辑。他从自己切身体会谈了文学创作和新闻写作相辅相成的关系："文学和新闻有许多相同之处。文学作品在某种意义上讲，也是新闻。就新闻本身来讲，它也是历史的记录。所不同的是，新闻注重现实的报道，不允许有任何虚构，而文学是可以虚构的。好多作家不也是当过记者吗？有些记者不也当了作家吗？'戏法人人会变，各有巧妙不同。'为什么有些高明的记者把一篇通讯写成优美的散文？这就是艺术的问题。记者应当增强写作能力，用艺术的手法来写新闻。这样做，就不仅能传播新闻，同时还能增强读者的乐趣……"

谈到这时，汽车司机来了。萧老一边同我握别，一边谦逊而幽默地说道："我所谈的这些，有用你就听几句；如果没有用，就当东南西北风吹了。"

听了萧老一席话，我受益颇深，进而对新闻"散文化"、通讯"报告文学化"的尝试之念尤坚。本来我还想谈点所受的教益和启迪，但因时间关系，只好割兴而止，与之合影留念。

萧老上了车,就要离开长春。我依依惜别地为之送行。望着萧老渐渐远去的背影,回味他精辟的论谈、不吝的指教,我蓦然忆起了诗仙李白的诗句:

仍怜故乡水,
万里送行舟。
…………

萧军
1983.3月4日

1983年5月21日宋逊风(左一)采访著名作家萧军(左二),同萧先生交谈文学创作与新闻写作有关问题(右二为萧夫人)

七、居高临下定主题，纵横捭阖写人物

人物通讯是描写时代精神典范、道德楷模的新闻体

每个时代都有时代的精神，而时代的精神都是体现在模范人物的身上；每个时代都有时代的道德标准，而时代的道德标准都体现在具有优秀品质的楷模身上。而人物通讯即是承担着宣扬时代精神的典型、弘扬时代道德楷模的任务的最佳新闻体裁。

人物通讯通过叙述、描写能够系统、全面地展现先进人物的模范事迹，深入地揭示先进人物的精神世界，鲜明、深刻地体现具有时代特征的主题，并借以文学的、政论的表现方法增强震撼力和生命力，在新闻体裁中具有特殊的宣传、鼓动作用。

通讯中的人物优于小说里的人物，因为通讯人物是真实、无伪的；而小说里的人物是经过作者加工的艺术形象，并非百分之百真实确凿。也正因为人物的真实性，通讯才会产生与生俱来的感染力，从而感动人，教育人，激励人，鼓动读者学习时代的典型，效仿模范人物的品德，誓做先进的、优秀的、高品格的人。

人物通讯中的先进人物，应该集中了共产党人的特质，熔铸了民族精神的精华，堪称国家的脊梁。广采博记英雄模范人物能够成为我们时代的珍贵记录和鼓舞人民群众奋进的号角。

写什么样的人物？

新出现的英雄模范人物；

有新成就的人物；

人民喜闻乐见的人物；

群众普遍关心的人物；

代表发展方向的人物；

有发展前途的人物。

居高临下定主题

人物都是生长在他那个特定的历史条件下，所以写人物必然离不开他所处的时代，必须吃透时代精神，要有鲜明的时代色彩。

我所说的居高临下写人物通讯，不是简单地写成好人好事录，而是要站得高，看得远，即站在时代的高度，看到对整个社会和人民群众的影响作用。只有站得高、看得远，人物通讯起笔才会高，才能高瞻远瞩地提炼出反映时代特征的主题，并从这个高度写出模范英雄人物的革命精神、思想风貌、品格境界。

要做到居高临下定主题，既要"居高"——站在时代特征的高度，又要"临下"——俯察人物的特点，将"时代特征"与"人物特点"统一起来，这样即可确定人物通讯的主题思想。我体会要寻觅到两个点：

首先，要找到所写人物本身的闪光点。因为人物本身具有诸多优点，这就需要优中选优，也就是说选择人物身上最突出、最有个性、最有典型意义的方面的优点。

其次，需要选择与人物最佳闪光点相对应的社会上缺失的且需要大力弘扬的正能量的亮点。因为社会上正能量表现在多方面，并不是每个正能量的亮点都同所写的人物相吻合，所以要选择与之相对应的。

寻觅到所写人物的闪光点和与其相吻合的社会正能量的亮点，并将二者水乳交融地统一在人物通讯的主题上，如此"两点"统一的通讯，才会使典型和楷模的闪光点闪耀着时代的光芒，使人物发挥榜样力量，感染人，教育人，激励人，让社会的正能量发扬光大。

我说的人物与时代"两点"统一，就是在提炼和确定能够反映时代特征的素材时，要有针对性，也就是要有的放矢地进行宣传。要做到这点，一方面要考察当前社会存在的主要问题、群众最迫切需要解决的重大问题是什么，另一方面要考察人物本身有哪些最能体现时代特征的精神。

对人物的考察，必须从实际出发，必须抓住人物实际的、根本的、本质的东西。这就要运用抓主要矛盾和矛盾的主要方面的"两点论"的矛盾式写作选材法，对人物进行全面的分析、正确的判断，哪个是他的主要方面，并与时代精神一脉相承，体现时代特征。

譬如：1996年，我采写的人物通讯《征服阎王鼻梁的新愚公——记平定县理家庄村党支部书记王铁锁》，主要针对在改革开放初期、市场经济开始兴起之际，一些农民嫌农活又苦又累收入少，不愿努力奋斗改造艰苦环境，欲离土离乡到城里打工躲清闲去的倾向。我在通讯里提出：在市场经济条件下，要想彻底改变农村面貌、治穷致富，仍然需要艰苦奋斗的精神。从人物事件中提炼此主题，正是那个时期城乡普遍存在而应引起重视和亟待解决的问题，也是不忘初心、牢记使命、发扬革命传统、赓续艰苦奋斗精神的重要课题。

以此针对农村出现的负面倾向，宣扬艰苦奋斗的社会正能量的精神而确定主题、选材，写出的人物才能具有时代特征，才会以时代精神感动人，教育人，鼓舞人。

纵横捭阖写人物

先从字面上解释一下：纵，是指南北、上下；横，是指东西、左右。捭，是指打开；阖，是指闭合。

我所说的纵横捭阖写人物，是指从上下、左右不同的角度，正面、侧面的各个方面，大行动、小细节，关键时刻、平常日子，言谈、举止、性格、脾气等来写活人物，形象地表现人物的特性、思想、精神、品格风貌，而不是概念化、标签式、扁平干瘪的人；否则，达不到应有的客观效果，起不到应有的社会作用。

人物通讯是写现实社会中的先进人物。为此，纵横捭阖写人物，要遵循恩格斯对现实主义的定义。恩格斯说："据我看来，现实主义的意思是，除细节的真实外，还要真实地再现典型环境中的典型人物。"人物通讯要再现的典型环境，主要是人物所处的特定时代的矛盾冲突。

时代贯穿着种种矛盾，这些矛盾推动着时代前进，决定着时代的内容、特征和精神。在这种种矛盾的斗争过程中，每时每刻都涌现着闪耀共产主义思想光辉的新人新事，积累和创造着解决矛盾的经验和成就，显示着时代的精神风貌。有一句话形象地揭示了"纵横捭阖写人物"的本质："沧海横流，方显英雄本色。"所以人物在矛盾冲突中，才会显现出其意志、智慧、思想和精神的底色。

（1）在矛盾冲突中写人物

矛盾冲突不外乎以下三种：一是人与自然界之间的矛盾；二是人与人之间的矛盾；三是人物本身思想上的矛盾。要深刻地展现人物的精神世界，要写出活灵活现的人，需要借助于揭示人物内心的矛盾，因为这是客观的矛盾冲突在人物主观思想上的反映。此种矛盾既能反映出客观矛盾的普遍性，又能体现出人物内心思想的特殊性。为此，记者努力发掘和生动描写此种矛盾，可以形象而深刻地再现典型环境中的典型人物。

要在矛盾冲突中表现人物，必须通过描写事实，包括通过描写故事情节、对话等来加以表现，而不是由记者不厌其详地叙述。

例如：我写王铁锁的事迹和精神，一是把他放在阎王鼻梁山无土、无水的干石岭的艰难自然环境的矛盾中写，二是写他周围想离土离乡跑城里打工的村民之间的矛盾，三是写他文化水平低不适应科学种田的矛盾。通讯通过描写他克服重重困难，逐个解决了这三个难以解决的难题，生动地展现出王铁锁坚持艰苦奋斗的精神风貌。

（2）调动多种手法写人物

为了将主题揭示得深刻，把人物刻画得生动感人，需要尽量调动多种表现形式与表现手法。在严守新闻的真实性原则前提下，可以运用一切可用的形式与手法，包括文学、政论、电影等的表现手法均可以适当地借用在人物通讯的写作中，为刻画人物、揭示主题思想服务。

人物通讯的主要表现手法有四种：描写、叙述、抒情、议论。其中，描写和叙述是基本的手法，抒情和议论是辅助的。

恩格斯指出："我认为倾向应当从场面和情节中自然而然地流露出来，而不应当特别把它指点出来。"这就要求多作形象描写，切忌空泛的叙述，要以描写为主，叙述为辅，以描写带动叙述，描写为叙述张本，描写为叙述开路，将描写与叙述有机地结合起来。这就需要写出表现人物故事和情节的感人的一个个典型画面，进而以这些画面为骨干，同必要的叙述连缀贯穿起来。人物通讯需要叙述一些有关人物的概括材料，但这只是绿叶，是为人物描写的红花做映衬。

恩格斯指出："每个人是典型，然而同时又是明确的个性，如黑格尔老人所说的'这一个'，而且应当是这个样子。"

描写的手法

用语言文字将人物的形象表现出来，即是描写；也就是把所选用的事例加以描写，揭示人物的精神特质，使人物成为可以感知的特定形象。要选择典型的事例来描写对象，即要描写先进人物在某种环境中的言行。描写是通过人物的事迹、情节、环境、细节及侧面，运用优美的语言把人物的形象、风貌刻画展现出来。

对人物的描写从以下5个方面入手。

（1）形象描写

形象描写是直接针对人物的音容笑貌、仪表神态、言谈举止选取典型的特征刻画形象。外在的形象，是人物气质的表现，是内在思想、品德、精神、素质等修为的体现。因此，外在形象描写是为了透视人物内在的特质需要，所以不是单纯的形式化的勾勒，而是与人物的内涵相关联的自然外部刻画。

（2）心理描写

心理描写是对人物在一定环境中思想活动的描写，旨在揭示人物内心，刻画人物性格，即抓住人物瞬间的心理活动，挖掘人物的深层思想，展现人物的精神世界。根据辩证唯物主义认识论的观点，人的心理、思想是对客观外界事物的反映。那么，要描写人物的心理活动，就必须抓住该人物在重要时间点、在关键事物面前的心理反应及所持有的态度。

（3）语言描写

语言是把人物写得形象、逼真的基本元素。常言说"文如其人""言为心声"。语言描写就要求所说的话一是要符合人物的身份，二是要表达人物的真实意愿，既不能言不由衷，也不能言不符实，要做到言、人、心三统一。由于性格特征、文化素质、生活经历乃至性别、年龄、籍贯的不同，不同人物的语言特色必然不同，所以必须用不同特色的语言来描写不同的人物。

人物通讯的语言包括两大类：

一是人物的语言，包括主人公的语言、一般人物的语言、人物之间的对话、作者与人物的对话；

二是作者的语言，包括描写性的语言、叙述性的语言、抒情性的语言、议论性的语言。

其中，作者的语言必须跟人物的语言相和谐，即将作者的语言和人物的语言有机地统一起来，这样才能圆满完成人物的刻画和情节的展开。

（4）细节描写

细节描写是抓住细微而不是琐碎、典型而不是一般、必要而不是多余的情节，进行细致、生动的描写。既要有有说服力的典型性，又要有信得过的生动性，要求细致入微、深刻形象。

细节描写对于凸显主题思想至关重要。如果说反映新鲜的时代精神、深刻的主题思想是通讯的灵魂，那么能体现主题思想的精彩细节就是通讯的血肉。逼真的细节会使通讯富于说服力和感染力。成功的细节描写尤其能将记者的褒贬好恶蕴含于形象和场景，引人联想和体味，潜移默化之中寄寓深刻的思想内容。

细节描写要选取为主题服务、足以反映人物思想风貌最精彩的一个片断、一个场景、一个事件、一个举动、一段言谈，以这些生动活泼的具象表达出抽象的道理，从而增强感染力，深化主题，使通讯增色生辉。

一篇通讯主题思想确定得再好，若没有精彩的细节来体现，记者自己叙述一大篇，也只能是空洞的说教，起不到说服人、打动人的客观效果。

若没有细节，人物是模糊的，就像从远处看人，只见轮廓虚影，不见实貌本色，缺乏真实感。若不进行细节描写，就会使人物流于一般化和概念化，不能刻画出活生生的形象。人物形象是通过神态、色彩、动作、声调等细节表现出来的。

一篇好的通讯，必须有一两个精彩的细节。读者一提起那篇通讯，立刻就会联想到那一两个精彩的细节；即使忘记了那篇通讯的情节，可是那一两个细节描写仍然记忆犹新。由此可见细节有足以铭刻人心的力度。

常言道："细节决定成败。"一篇人物通讯成功与否，亦取决于细节描写。

选用什么样的细节？

一是富有典型意义的细节，能够以小见大深刻地反映事物的本质特征，体现人物的精神面貌、内心世界、气质个性；

二是富有表现力的细节；

三是富有感染力的细节。

这样的细节仿佛无形的力量撼人心魄，犹如"神指"拨动人的心弦，能使人欢欣鼓舞，激动不已；亦能使人潸然泪下，哀婉欲绝；亦可促人哭，逗人笑，招人恨，发人深思，引人遐想。

描写细节，要少而精，尽量置于情节的"节骨眼"之"节"上，从而达到以少胜多、小中见大的明显效果。

如何挖掘细节？

一是现场观察主人公的言谈举止、为人处世；

二是留心与主人公有关的人的嘴边带出来的细节或线索，然后跟踪追采；

三是根据事件和人物思想发展状况，分析可能出现的生动细节，采取启发、引导、询问、侧查等方式继续深入挖掘。

我在《征服阎王鼻梁的新愚公——记平定县理家庄村党支部书记王铁锁》长篇通讯里写了下面这段细节：

一次，王铁锁到县里开会，县委书记要和他握手，他竟把手藏在袖子里，迟迟不肯伸出来。书记问他怎么回事，他才慢慢地伸出布满道道血痕的手掌，手背肿得像馒头似的。书记心疼得噙着眼泪说："铁锁，您着点儿干，保重身体要紧啊！"

上述这段见了县委书记不敢伸出伤痕累累的双手之细节描写，比较生动、感人地刻画了身患重病的村党支部书记王铁锁不顾身体、不怕苦累带头握钎抡锤，凿山挖土，变干石山为花果山的艰苦奋斗精神。这个简短的细节，无声胜有声，无须记者多言。

（5）侧面描写

侧面描写不是直接描写主人公，而是通过对其他人物的言行、事件的描写或叙述，衬托主人公；或通过周围人的反映和评述烘托主人公的性格、品德，丰富和印证人物的典型形象，即以"烘云托月"的手法，来达到以"虚"写"实"、以"次"显"主"的效果。这种描写也称为"间接描写"。

此外，侧面描写除了"以人衬人"，还包含"以境衬人"。

"以境衬人"包括自然环境描写和社会环境描写对人的衬托。

自然环境描写：地点，写景状物、衬托人物心情，渲染气氛，点明时令，描绘意境，抒发情感，引出下文或为后文做铺垫伏笔，推动情节发展。

社会环境描写：狭义是对指人物活动的处所、背景、氛围等的描写，广义是对指一定历史时期的社会生活、人际关系等的描写。

我在长篇通讯《征服阎王鼻梁的新愚公——记平定县理家庄村党支部书记王铁锁》里,除了通过描写王铁锁的言行刻画他的艰苦奋斗的形象,还侧面描写了他所带领的果树队的队员们的言论行动以及他的妻子对他倔强性格的感受,从而衬托和强化了他的精神风貌,使其形象在那个艰苦的环境里活化了,立体化了,增强了表现力和感染力。

叙述的手法

叙述的手法,即是记叙和诉说,是记叙人物、诉说事件、陈述来龙去脉的表述方法。叙述包含六个要素:时间、地点、人物、事件、缘由、结局。叙述从结构上可分为四种方式,具有六种功能,分别解释如下:

(1)四种方式

一是顺叙。顺叙是按照时间的推移、空间的自然序列,或者沿着人物的思想感情发展进程、人物活动的次序以及事件的始末所进行的叙述。顺叙的段落层次跟人物活动、事件发展的过程基本一致。叙述中需要区分主次,该详则详,该略则略,该疏则疏,该密则密,切忌平铺直叙。

二是倒叙。倒叙是将人物、事件的结局或者把某个最重要、最突出、最扣人心弦的片断拿到通讯的前面来写,而后再按"自然时序"的发生、发展顺序展开叙述。倒叙具有强化结局、制造悬念、掀起波澜、引人入胜、增强生动性之功效。但要注意前面的倒叙要与后面的顺叙衔接紧密,过渡自然。

三是插叙。插叙是在叙述人物和事件过程中,插入一段与主要人物及情节有关的内容,然后再接叙原来的事情。插叙对主要人物和情节起补充、衬托的作用,使主题思想更鲜明。

我在采写的长篇通讯《征服阎王鼻梁的新愚公——记平定县理家庄村党支部书记王铁锁》里,为了表现王铁锁靠培养科技人才改造山地和治穷致富的长远眼光,特意插叙了下面这段他重视科技、扶持教育的情节:

在开发荒山、兴建双千亩果园的实践中,王铁锁总结出"农业发展靠科技,科技进步靠人才,人才培养靠教育"的经验。早在1987年8月王铁锁就明确地提出:"先育人才再种果树。"为了培养"永久牌"的科技人才,他拿出家中仅有的500元钱,带头集资筹建本村职业中学的新教学楼。在他的带动下,全村共集资50多万元。1990年,职业中学从破旧不堪的窑洞迁入了瓷砖贴面的二层新教学楼。

四是补叙。有时根据内容的需要，通讯要对前面所写的人物、事件作一些简要的交代，这种叙述手法即称补叙。补叙一般都无情节，前后不需要过渡性语言。插叙一般要有情节。

（2）六种功能

叙述手法在人物通讯中有以下六种功能：

一是作引子。线索较纷繁的主题，有时需要开门见山写出一个概貌或者印象、感觉，在通讯开头提纲挈领地概括。以综合概括的叙述开头，可以统领全文，给人一个先入为主的轮廓。

二是交代一个情节发生的时间、地点及客观环境，起到承上启下的作用。

三是对比和背景的衬托。

四是在人物出场的时候，需要概括性的介绍。

五是起到接榫与照应的作用。在通讯中从一个情节到另一个情节的节点，为了便于读者顺应作者的思路，对"话分两头"或者"总括起来"之类有个思想准备，就要有一段叙述，就像木匠接个榫头，用来贯通前后。这个起"榫头"作用的叙述，在通讯里称为"过渡"。照应即是前后呼应，使前面交代过的在后面接应起来，使通讯首尾连贯。

六是通过叙述发表议论，抒发感情。通讯中往往寓事于理，借叙抒情。

抒情和议论的手法

抒情和议论都是通讯写作中常用的手法，在一篇通讯里二者往往也是紧密结合的。

通讯中的议论并不是论文式的逻辑推理，而是在叙述事实的基础上，紧密结合事实，作画龙点睛的发挥。

通讯中的抒情也不同于文学作品里的缘情而发，而是紧密地结合事实，要言不烦地抒发记者个人的感情。

这两个方面就形成了通讯写作手法中抒情和议论的实在性的特点。

通讯以对人物、事件的叙述和描写为主，以抒情和议论为辅。人物通讯是通过对人物事迹的记述和描绘，将主人公的思想、感情、精神、品格展现出来。因为社会上的一切人和事，本身就具有一定的情和理。情和理是依附在具体的事实之上而存在的，只是需要记者能够感悟、挖掘、提炼、表达出来。

鲁迅先生一语中的地指出："我们需要的，不是作品后面添上去的口号和矫作的尾巴，而是那全部作品中的真实的生活，生龙活虎的战斗，跳动着的脉搏，思想和热情，等等。"

抒情

记者运用抒情手法，只能寓情于事，借事抒情，所依据的是事实，所依托的是叙述和描写，决不能自由发挥，任抒己情。

通讯的基本抒情方法是缘事而抒，也就是依据事实，随着情节的进展和人物的命运的变化，在叙述与描写的基础上，在不多的却是关键的几处开启闸门，让感情的洪流奔涌喷泻。此时，便是使人心灵战栗、促人猛醒之时；此处，便是催人泪下、感人肺腑之处。通讯的高潮即在此时此处。感情好像翅膀，抒情能使作品产生飞腾的力量，耐人寻味，使人浮想联翩，思想升华。

通讯里的抒情，常以插话的形式出现。插话抒情分两种：一种是通过人物自己的插话来传情，另一种是记者对人物或事件的看法、对社会生活的评判的插话抒情，也分别称作间接抒情和直接抒情。一般的通讯里间接抒情居多。

议论

议论就是说理，在通讯中记者对某个人物或某个事件、某个问题，通过直接或者间接的议论表达自己的态度、看法、观点，代表记者的倾向。

因为理论是从实践中来的，人物或者事件本身就潜存着理论色彩的因素，所以有情（事情）必有理，理从情中抽象出来，理与情的关系是主从关系。要寓理于事，寓理于人，寓理于情，议论是从人物、事件中自然而然地升华出来的。

通讯里发议论，往往是议论夹在叙述之中，叙和议完整地结合在一个特定的主题思想之下。议，是主题的核心，要用精练的语言简明扼要地点出来；叙，是人物故事情节和事件的过程，围绕主题核心展开。

总而言之，要以叙为主，议不能多于叙，更不能离题万里，自由发挥。议论切忌空洞无物，流于平庸；最好既符合人物的精神风貌，又富有哲理；要画龙点睛，不能画蛇添足。

常用的修辞方法

比喻：是运用相似的另一种事物来打比方。

借代：是运用另外一个与其有关系的名称来代替的表达方法。

比拟：是将物拟人或者将人拟物的方法。

排比：是将句式相同或者相似、内容密切关联的一组句子或句组排列在一起的写法。这种修辞方法有板有眼、抑扬顿挫，有并列的、递进的、升阶的。

夸张：是为了表达强烈的感情，特意言过其实，对客观事物加以渲染、夸张，使语言发挥更大的感染力。

反复：是为了强调某个人物或事物，着意重复某些词语或句子的方法。

结构跌宕生姿手法

（1）"交叉点"法："交叉点"即是一篇通讯里的矛盾的中心。巧妙地安设"交叉点"，然后围绕"交叉点"有层次地安置素材。运用"交叉点"去制约情节的发展关联，构思便会趋于缜密，通讯也就不易平静无澜。（此"交叉点"法，可参阅本书第"五"部分我提出的"矛盾式写作法"）

（2）悬念法：在通讯中设置悬念，可以更好地展现矛盾冲突，吸引读者的关注点，诱人心生悬疑，放心不下，非读到底不可。

（3）反衬法：反衬法即是欲扬先抑或欲抑先扬。这种方法能给读者激起一个急起直落的感情波澜，对读者产生心灵的冲击力。

（4）奇变法：此法是先写事件的扑朔迷离、变幻莫测，而后展开的局面似乎趋于明朗，转而骤然奇峰突起、豁然大变，出现了人们意料之外的结局，造成了感情上的一大回流。此法可避免通讯板滞，增强表现力，故事性强的通讯尤为可用。

标题的修辞范例

这里仅以我采写的长篇通讯《征服阎王鼻梁的新愚公——记平定县理家庄村党支部书记王铁锁》为例。

全篇总共五个小标题，每个小标题都运用了修辞方法，分述如下：

第一个——"胡富国哭了"，采用衬托修辞法。胡富国时任山西省委书记,到理家庄村视察的时候,看到王铁锁身患重病仍坚持带领农民改造干石山变成的花果园,感动得流泪。这是以省委书记动容衬托王铁锁攻坚克难可贵的奋斗精神。

第二个——"走出山门铁锁开窍,誓把干石山变果园",采用双关修辞方法,其中"铁锁"既是锁具,又是王铁锁的名字,一词双关,暗喻王铁锁思想开窍了。

第三个——"阎王鼻梁动土,豁出命来为民",采用双关兼比喻的修辞方法。"阎王鼻梁"是当地的山名,"动土"比喻王铁锁艰苦奋斗的大无畏精神。

第四个——"'三顾茅庐'请专家,丢掉芝麻捡西瓜",其中"三顾茅庐"是采用借代修辞方法,借古喻今,代指王铁锁三请专家;"丢掉芝麻捡西瓜"采用比拟修辞法,比拟王铁锁淘汰低产劣质的老品种引进高产优良的新品种。

第五个——"李岚清笑了",采用衬托修辞方法。李岚清是中共中央常委、副总理,他看到王铁锁扶持办学、重视科技、靠科技改变山村的面貌,高兴地笑了。我在通讯里,以国家领导人的微笑赞扬、充分肯定王铁锁为全国农村开创了科技治穷致富的先行之路。

总标题——"征服阎王鼻梁的新愚公",采用了双关和借代两种修辞法,其中"阎王鼻梁"既是当地的山名,又兼指敢于在"阎王鼻梁"上动土的大无畏的精神,前边冠以"征服"一词,极言其勇气和战果。后面被修饰的"新愚公"是"借古喻今"的借代手法,古代有《愚公移山》的寓言,我用"新愚公"借代王铁锁。

"十八般"写作技法皆宜练就,争取做"全才记者"

历届获得"中国新闻奖"的记者,一般都是一篇消息获此奖,或者是一篇通讯获此奖,再者是一篇评论获此奖,仅仅是单一的体裁。然而,采写的消息既能获此奖,采写的通讯也能获此奖,配写的评论同时获此奖,发起并组织的全国大讨论系列报道还能获此奖,如此全才、全能,这几项都获得"中国新闻奖""全国好新闻奖"的记者少之甚少。但愿我国全才、全能的记者更多些,这样才能适应新的时代需求。

此文后面除了附上这篇长篇通讯,还附上同时见报的我亲自配写的评论文章《艰苦奋斗的一面旗帜》，目的是要说明：新闻记者不仅要会写消息、通讯，还应当掌握特写、调查报告、评论文章、报告文学等新闻的"十八般"写作技法，这样才会成为一名能够应对所有新闻体裁的"全才记者"。打个比喻，面对各种新闻素材要能够做到"兵来将挡，水来土掩"。

新闻讲究时效性、言论的配合性。如果记者把稿子发到报社，报社编辑需要首先阅读记者的消息或通讯，然后再消化理解记者的作品。如此按常规程序运作新闻稿件，一是拖延了时间；二是编辑没有现场采访，他（她）不会有记者了解得透、体会得深，恐怕不能设身处地、全面、深刻地感悟记者的稿子，即使写出评论，也不一定与记者的稿件配合得十分默契。因此，最好是记者亲自撰写评论配发自己的稿件，既提高了时效性，又增强了配合性。

自己写的评论，能够有的放矢，切中肯綮，画龙点睛，升华思想，与消息或通讯相得益彰。

新闻记者在采写新闻消息、通讯等稿件的同时，也能够自己动笔为其稿件配写短评、评论文章的做法，也是毛泽东主席所倡导的"没有调查就没有发言权""一切从实际出发""实事求是"的优良作风在新闻采编工作中的体现，应当积极鼓励和发扬光大。

这篇通讯全文如下：

征服阎王鼻梁的新愚公

——记平定县理家庄村党支部书记王铁锁

我国民间历来把不怕死的人称为"敢摸阎王鼻子"的勇士。在这里，向大家介绍的是，山西省平定县理家庄村党支部书记王铁锁虽身患重病，却以惊人的毅力，八年如一日，坚持艰苦奋斗和尊重科学的精神，带领群众把世上少见的荒山秃岭——阎王鼻梁，改造成为造福人民的花果山。

他是敢摸阎王鼻子的斗士，是豁出命来征服阎王鼻梁山的铁人。

他那闪光的足迹昭示人们：在社会主义市场经济条件下，贫困山区要想改变贫穷面貌奔小康，依然需要艰苦奋斗的精神，别无捷径。

胡富国哭了

去年10月初,山西省委书记胡富国同志专程来到深山高巅上的理家庄村视察。

抬头远望,只见绿树红果,沿着层层叠叠的梯田拾阶而上,道道山梁、座座山岭仿佛变成了披红挂彩的幢幢高楼大厦。

低头俯视,但见五沟一坡,一片苍茫翠绿。放眼望去,沟腾碧波,流向深处;坡泻翠瀑,铺天盖地。

走近园林,果香飘逸,五彩纷呈。那缀满枝头的苹果,像一盏盏宫灯耀人眼目;那悬垂树下的鸭梨,像一个个金铃随风摇曳;那腾空架起的葡萄,像一串串翡翠晶莹剔透;那镶嵌树冠的红枣,像一颗颗玛瑙玲珑红润。在蓝天白云的映衬下,仿佛置身于凌霄宝殿……

谁能想到八年前,阎王鼻梁山乃一座无水无土的干石山,植树不活,种草不长,一片光秃。仅仅八年光景,竟然发生了如此巨变。这不正是山西省委提出的高举改革开放和艰苦奋斗两面旗帜的生动典型吗?胡富国书记为之动容,热泪盈眶。他紧紧地握着身患严重糖尿病的王铁锁的手,激动地说:"干得好!干得好!只要坚持改革开放的方针,发扬艰苦奋斗的精神,穷山也能变成金山。咱们山西山区多、条件差,从这里看到了全省奔小康的希望。你们理家庄村人为山区脱贫致富奔小康走出了一条新路子。可是,以后的路还长着呢,你可千万要注意身体啊!"

走出山门铁锁开窍,誓把干石山变果园

理家庄村坐落在太行山腹地的阎王鼻梁山,山连着山,沟套着沟,缺水少土,四周封闭。全村1700多口人,仅有的3300亩土地被三道梁五条沟分割成35000块。人畜饮用水全靠天降雨水。1987年理家庄村人均收入仅400多元。怎样才能让理家庄富裕起来早日达到小康呢?

当时担任村委会主任的王铁锁在山间的小道上边走边思索着:靠发展工副业吧,地下资源贫乏,交通闭塞,前几年他牵头管的几个厂子,费了九牛二虎的劲儿,虽扭亏为盈,但利润不大;单一种粮食吧,耕地有限,除了糊口,所剩无几。想来想去,百思不得其解。

铁锁面对阎王鼻梁山发问:理家庄穷就穷在这干石山,富不也得靠这

干石山吗？非把你这个包袱变成财富不可！声震群山，回荡沟壑……

不久，平定县组织乡村干部到山东考察，铁锁走出闭塞的山门，去见改革开放的大世面。莱州市小草沟村也是个贫困落后的山村，硬是靠发扬艰苦奋斗精神，改造荒山，大种果树，治穷致富，成为全国闻名的小康村。

改革开放的大气候，使王铁锁的脑子开了窍："小草沟村能办到的，我们为什么办不到？自然条件相似，差就差在我们艰苦奋斗的精神淡薄了。要奋起直追，开发荒山，建起双千亩干、鲜果园，把理家庄变成山西省的小草沟！"

铁锁把自己外出"取经"的感受和勘查三梁五沟的设想一股脑儿地在村支委扩大会上和盘托出。"一石激起千层浪"，王铁锁的话像一块巨石投进了封闭多年的潭水。少数甘于过平静日子"小富即安"的人议论纷纷——过去活得太累了！现在市场经济了，该休闲些了。人们都在走南闯北，有的还走出国门与老外打交道，何苦往山上跑？

——办企业做买卖挣钱来得快，植树造林要等到何年何月才能受益？

——都什么年代了，还受这份苦、遭这份罪！

如此议论，无疑是向王铁锁提出了一个极其严肃而实际的问题，也是向全社会提出的发人深思而不容回避的严峻问题：在市场经济条件下的今天，还要不要艰苦奋斗？

大多数干部群众还是为王铁锁兴建"双千亩果园"的宏伟蓝图所打动，只是有人担心地说："石头山上过去年年栽树不见树，要土没土，要水没水，要路没路，种果树会不会白搭工？"

面对人们的议论和担忧，王铁锁用自己外出学习的感受开导大伙儿："市场经济没有大锅饭。商场如战场，谁休闲谁受穷，让咱这干石山长出鲜果来，不艰苦奋斗不行。轻轻松松改造不了旧山河，舒舒服服建不成新农村。"他横下一条心，向村党支部和村民立下了"军令状"："我负责承包开山种果树。没土取土，没水找水，没路开路！就是剥皮掉肉，豁出命来，也要把果树种活，把果园建好。挣钱算村集体的，赔钱算我自己的！"

被称为"拼命铁人"的王铁锁，那斩钉截铁、义无反顾的"军令状"，一字千金，掷地有声。村干部为之折服，群众为之感染。村支部研究决定，同意开山种果树，林业专业队由王铁锁挂帅出征……

阎王鼻梁动土，豁出命来为民

1988年初，春寒料峭，开山炮在那三梁五沟一面坡的阎王鼻梁山炸响，震醒了这座沉睡的干石山——恰似王铁锁带领开山勇士改天换地的战斗誓言。

奋战阎王鼻梁山的日日夜夜，铁锁总是第一个上山，最后一个下山。开山放炮，扶钎抢锤，整地修堰，样样活他都带头干，种种苦他都抢先吃。没有水，他挨家挨户动员献水；没有路，他披荆斩棘率众开拓。铁锁那"扑下身子实干"的精神变成了激励开山队员战天斗地的动力。

山上挖坑，山下取土，一棵树要填三担土，浇两担水。担了多少担水，挑了多少筐土，用断了多少根钢钎，穿破了多少双鞋子，磨出了多少层老茧，流了多少次血，说也说不清楚。大家认准一个理：铁锁都豁出命来干，我们就是脱皮掉肉也要咬紧牙关。

一次，王铁锁到县里开会，县委书记要和他握手，他竟把手藏在袖子里，迟迟不肯伸出来。书记问他怎么回事，他才慢慢地伸出布满道道血痕的手掌，手背肿得像馒头似的。书记心疼得噙着眼泪说："铁锁，悠着点儿干，保重身体要紧啊！"

1988年12月，由于开山建果园过度劳累，超负荷工作的王铁锁病倒了。住院检查：血糖24.00，尿糖4个"+"号，严重糖尿病。医生气愤地责怪铁锁的妻子史香娥说："为什么现在才送来，病人都快摸到阎王鼻子啦！"

史香娥委屈地向医生解释说："铁锁性格犟。白天在山上像一只虎，晚上回到家一头扎到床上像一摊泥，头昏眼花，高烧不退，四肢瘫软。我劝他：'你整天吃不好，睡不安，总是拼着老命干，就是个铁人也受不住呀！'铁锁却说：'活着就是要为老百姓干点儿事，不能白当共产党员。'我拿他没办法，只好生气地说：'开山种树是你的命啊！'铁锁对我说：'是啊！我就是豁出命来也要把荒山开完，把果树种好。老百姓能早一天过上好日子，我就是死了也含笑九泉！'"

站在一旁的许万毛，是王铁锁手下的林业队老生产组长。他对医生说："铁锁是个铁人，只知道工作，不知道歇息。"

王铁锁常说："党员、干部要想做好，就必须为老百姓时时想到，事事看到，件件说到，处处走到，桩桩办到，最后才算是做到。"他时时处处想的是群众，唯独没有他自己。

有一次上山采石，许万毛发现一块又大又整齐的青石，抡起铁锤就要砸，铁锁赶紧跑过来说："慢！留着这块大青石，刻上'为子孙后代造福'，立在咱村的果园里。""为子孙后代造福"这七个字时刻都刻在他的心上啊！

1988年春天，王铁锁去榆次、太原买树苗，为了给村里节省钱，他不坐火车、公共汽车，而是搭乘顺路的便车。路过城镇时为躲避交警检查，还得悄悄地趴在车里。铁锁是有名的"王大肚"，在家一顿饭能吃二斤，出差却只吃一根油条、一个馒头或者吃上三两面条就撂筷说"吃饱了"。有一次到祁县拉种子，为了节省住宿费，铁锁带领大伙当天走，连夜回。回到村里已是凌晨2点钟，随行的农民又饿又累，他却宣布各自回家吃饭吧。

58岁的农民王存寿，半身不遂，家里困难，欠下1000多元的外债，无钱治病。铁锁亲自帮助送到乡医院，自己掏出500元钱替他交了住院费。他资助群众经常慷慨大度，而自己却从不破费。一次去医院看病，他把医生开的药方偷偷地揣起来就往家走。妻子问他："你干啥来了，不买药？"铁锁说："咱村贫困户多，一旦有个为难着灾的，咱省下的药钱不是也能救个急吗？"妻子听了心痛得哭了……

医生听了这些事情，心中油然而生敬意，竭尽全力把铁锁抢救了过来。医生嘱咐家属让王铁锁在医院治疗三个月，但他身在病床上，心在山上，不到一个月，就跑出了医院。回村的当天晚上，王铁锁就召开村委会研究工作。第二天，他早早就起床了，拄着手杖，拖着病体，带领专业队冒雪上山，把山沟里的积雪掘入一个个果树坑……

王铁锁"扑下身子实干，豁出命来为民"的一言一行，赢得了全村党员和群众的信赖。1990年1月，64名党员一致选举王铁锁同志担任村党支部书记。王铁锁懂得那张张选票对自己的深情厚望。在注意身体的前提下，他量力为群众服务。尽管身患重病，但一干起工作来，他还是一如既往，只是在腰间挂上了一个食品袋，里边装着药片和随时充饥用的干粮。

那年隆冬季节，王铁锁率领150名林业队员治理尖岩掌山。这座千百年来无人光顾的大山，乱石丛生，一些队员望而生畏，迟迟不肯动工。

见此情景，王铁锁向队员们高声喊话："乡亲们！轻轻松松改变不了面貌，舒舒服服建不成果园。"说罢，他抡起铁镐就刨起了坚硬的岩石。早晨只吃了二两饭的王铁锁抡着沉重的大镐，一会儿就大汗淋漓，全身发软。忽然，他觉得眼前一黑，昏倒在乱石堆上。队员们赶紧跑过去，解开他腰间的食品袋，拿出药片用水给王铁锁服了下去。

150名队员都纷纷围拢过来，个个心痛地看着铁锁没有一丝血色的面容，默默地叨念着："铁锁啊，为了俺们过上好日子你操碎了心，累坏了身子骨。你可千万不能倒下不起来呀！全村1700多口人需要你啊！"1分钟，2分钟，3分钟……10分钟过去了，铁锁才渐渐地苏醒过来。只见他双唇战抖，想说什么又说不出来。队员们异口同声地说："铁锁，你就别说了，你的心思，俺们心里全明白……"

是啊！榜样的力量是无声的命令，铁锁还用说什么呢？他已经用自己"扑下身子实干"的实际行动，发出了震天动地、感人肺腑的号令。

"呼啦"一下，150名队员散开了，争先恐后地干起来。王铁锁青白的面容露出了一丝微笑，他挣扎着站起来，又加入了治山的行列。

功夫不负"铁人"心，血汗凝筑千亩园。在王铁锁带领下，经过八年的艰苦奋战，150名专业队员先后垒起石堰700公里，比从太原到北京还远；开发建造了700亩梯田；修筑了20公里盘山公路；兴建了7个能贮藏80万斤水果的土窖；开掘了三个库容总量5000立方米的蓄水池。血汗没有白流，如今，两千亩果园已初具规模。

"三顾茅庐"请专家，丢掉芝麻捡西瓜

在开发荒山建设果园的战役打响后，王铁锁便带人为栽植果树筹备树苗。1988年春天，他们村从当地其他村采购一万棵苹果树苗栽到了圪崂峪沟，结果死了5000多棵。那年冬天，铁锁又带人从山东莱州买回海棠种子，由于不懂保管知识捂出了芽儿，全报废了。

铁锁初患糖尿病住院期间，因不懂禁忌而误食了糖水罐头，致使病情加重。种树的挫折与住院的教训，使王铁锁陷入冷静的沉思："生在农村、长在农村的祖祖辈辈受苦、受累、受穷，尽管经历千百年的苦干拼搏，可时至今日仍旧没有摆脱贫困。根源在哪里？客观上穷在干石山，主观上苦于科技落后。单纯依靠苦干、实干，不能取得最佳效益；只有科学技术才能解放生产力，农民要想致富必须从科学技术上找出路。"

出于从根本上解决乡亲们受苦受穷的深厚感情和高度责任心，王铁锁走出去，求师取经治穷。

"家有三件事，先拣急的干。"自古以来，理家庄人畜饮水全靠天降雨水，水贵如油。多年来，铁锁为乡亲们祖祖辈辈没水吃、果树没水浇而伤心、伤脑筋。在村里村外他曾领着大伙打过两眼300多米深的井，可都没打出水来。然而，他不甘心，不忍心，下定决心，要不惜一切代价把地下水打出来。

1990年初，铁锁拖着病体去县里，上市里，跑省里，求水利局局长，请水利专家到村里实地勘查，花了9000元的费用，结论是"地下无水"。

铁锁还是不死心，1992年初再次去省城二请水文局工程师王贵喜亲临勘查，结论是"须深掘600米，资金150万元，水源10吨"。但王工程师不愿承担设计。对此，王铁锁没有灰心，他召集全村的党员和村民一起讨论到底打不打井。饱尝无水之苦的理家庄人异口同声：就是砸锅卖铁也要把水打出来！

1993年初，铁锁怀着全村1700多口人的共同心愿，又去省城三请水文局的王贵喜工程师。王贵喜感动地说："铁锁你带病'三顾茅庐'，我绝不能辜负乡亲们的一片苦心。条件不好、受穷的地区我见多了，可是从来没见过像你们理家庄的书记和村民这样坚决。"

王铁锁的恒心、全村人的苦心感动了"上帝"——王贵喜工程师亲自来到村里指导。1995年10月，理家庄终于打出了村史上的第一眼600米深的井。加上近年来打的1眼水井、2眼干井、80眼旱井和挖的4个水池，理家庄人共向地球掘进了2200米深。村里有了水，铁锁不忘节水。针对缺水的条件，他们把世界先进的滴灌技术引上了山，"润物细无声"地滋润着2000亩果园。

王铁锁这种"三顾茅店"的精神，不仅请来了"水神"王贵喜，还请来了"果神"山西农业大学教授解思敏、霍州农业局高级农艺师梁达武等专家。解教授"对症下药"，根据理家庄缺乏水源的特殊情况，引进了果园种草和秸草覆盖的生态农业及有机旱作农业的新技术。梁农艺师给理家庄送来了果树病虫害防治及营养保健的"果树输液"新技术。

这些新技术，村民们就像"天方夜谭"一样闻所未闻，他们诧异："俺村山上本来就没水还要种草，这不是跟果树争水喝吗？长得好端端的果树还要剥皮灌药，这不是祸害树吗？"王铁锁认准了一个信念——"科学（技）是第一生产力"。他坚定不移地向林业队的队员们动员说："专家是帮我们治穷致富的'财神'，他们指的路是生财之道，咱们要不折不扣地照着办。先试验后推开，风险村里担。"

就这样，王铁锁带领林业队于1990年搞了300亩的秸草覆盖，当年见效，保了水，增了肥，现在已经达到全园覆盖。1994年引种2亩日本果园草，当年也收到保土、保水、保肥的奇效，到今年已在2000亩果园引种。

身患重病的王铁锁白天为群众操劳，晚间睡不着觉，他坚持夜读《中国果树》《果树栽培技术》等书刊。只上了5年学的王铁锁，在指导全村果树生产中边读书边实践，潜移默化地增长了科学知识，成为闻名遐迩的果树"土专家"。他将科学技术同市场经济的价值规律结合起来，水乳交融地为发展商品生产、提高经济效益而用。

1994年春天，王铁锁到市场调查苹果价格，发现美国的新乔纳金和日本的红富士的价格比国光、红玉高4.5倍，而且有的国产苹果还有陆续被市场淘汰的趋势。对此，他反复研读书本上嫁接的基本原理，为了提前成果期，早一天卖上好价，大胆地提出：在国光等品质低劣的果树上高嫁繁育新乔纳金、红富士新品种。被果树队截肢断臂的国光、红玉树已经产果3年多了，村民们都心疼得叹气摇头。铁锁耐心地解释说："长痛不如短痛，咱们不能只盯着眼前的一点'芝麻'微利，而丢掉将来的'西瓜'大效益。"实践已经证明，铁锁当年的科学决策是正确的、及时的。2年前嫁接的1万棵苹果树，现已形成30多万斤的产量，高嫁繁育赢得了高倍效益，产值提高5倍。

应用科学技术依然需要苦干、实干的艰苦奋斗精神。王铁锁常说：技术工作没有"巧假"。对于那种不想实干、想偷懒、违反技术规程的人，他毫不客气。一次，两个村民刨树坑遇到石板地想溜走换个地方干，铁锁发现后，拿过镐头，一会儿工夫就刨了一个标准坑。铁锁气喘吁吁地说："我这个跟阎王打交道的病人都能干，你俩年轻力壮为啥不按规程干？"在王铁锁的行动感染下，那两个村民羞愧难言，一丝不苟地刨起了石板坑。

科学技术的雨露伴着辛勤的汗水，浇灌出丰硕的经济之果。理家庄的水果产量逐年增长，质量明显提高。1993年产果30万斤，1994年产果50万斤，1995年产果70万斤。去年，仅果园一项全村人均收入已达410元。

李岚清笑了

　　今年7月4日，本报记者到理家庄采访，适逢国务院副总理李岚清前去视察。在理家庄村办职业中学实习基地——双千亩果园，王铁锁向李副总理介绍了本村职业中学实行农科教结合、培养扎根农村科技人才、转化科技成果的情况。

　　在开发荒山、兴建双千亩果园的实践中，王铁锁总结出"农业发展靠科技，科技进步靠人才，人才培养靠教育"的经验。早在1987年8月王铁锁就明确地提出："先育人才再种果树。"为了培养"永久牌"的科技人才，他拿出家中仅有的500元钱，带头集资筹建本村职业中学的新教学楼。在他的带动下，全村共集资50多万元。1990年，职业中学从破旧不堪的窑洞迁入了瓷砖贴面的二层新教学楼。

　　这些年来，在盘算全村各业的资金投入时，王铁锁心中的天平总是向职业教育方面倾斜。每年投资1万多元购置图书仪器和增添教学设备，每年设立教师奖金1500元。铁锁时刻把教师吃的、烧的、铺的、盖的挂在心上。还规定村里每年送给教师一袋白面、一个毛毯、一件被罩，在菜金和烧煤上给予补贴优惠。学校校长颇有感触地说："铁锁上边有各级领导参观需要接待，下边有1700多村民需要照顾，他身体又那么不好，可是隔三岔五，铁锁就来学校了解情况，解决难题。现有的22名教师，谁教得好些，谁有什么特长，他心里都有个'小九九'。在村里拨给职业中学的200亩实习基地，铁锁还抽空为学生讲授果树栽培技术。他为全村的生产、生活和教育真是操碎了心。"

　　8年来，在村党支部及王铁锁的关心和扶持下，理家庄村同19个科研单位建立了长期合作关系，请进来山西农大、山西农科院及市、县农业部门等兼职教师在职业中学讲课40余人次，引进推广了滴灌、果树对症输液、绿草秸秆地膜覆盖、疏花疏果节水栽培及综合管理配套等技术，推广优良品种15个，果园最高亩产突破了2500公斤。职业中学现已培养毕业生146名，其中有40人先后被送到北京农业大学和山西农业大学继续深造，有45人拿到了中专文凭，有80人成为理家庄村林业队的科学技术骨干，个个都能同果树"说话"：让它结秋果即不结夏果，让它每枝结3个果即不结2个，让它产100斤即不产90斤……

李岚清副总理听了职业中学的情况，十分高兴，满意地对王铁锁说："你们坚持改革开放，发扬艰苦奋斗精神，再加上依靠科学技术，这是农村致富奔小康的必由之路。"

李副总理还专程来到村办职业中学参观。当他了解到理家庄村上挂农科院校、横联农业部门、下辐射千家万户的办学路子时，高兴地笑了，兴奋地说："这是职业教育的方向，要通过农科教结合，尽快使更多的科技成果实现转化。"

参观后，李岚清副总理欣然题字"科技兴农，教育为本"。这是对王铁锁8年来艰苦卓绝工作的充分肯定和高度评价，也为全国贫困山区指明了科技致富的方向……

（原载于1996年9月21日《农民日报》头版头条）

（附记：此通讯发表后，王铁锁被选为山西省人大常委委员、劳动模范）

下面是我为此通讯配写的评论文章。

艰苦奋斗的一面旗帜

今天，本报发表的《征服阎王鼻梁的新愚公——记平定县理家庄村党支部书记王铁锁》的长篇通讯，向大家介绍了身患重病的王铁锁在改革开放后社会主义市场经济的新形势下，艰苦奋斗了八个春秋，终于把无水、无土的干石山"阎王鼻梁"改造成花果山，使全村人过上小康日子，从而谱写了一曲社会主义市场经济新时期的艰苦奋斗的凯歌，为全国贫困山区树立了一面艰苦奋斗奔小康的旗帜。

王铁锁模范事迹的典型意义何在？中共山西省委书记胡富国同志给出了确切的回答："只要坚持改革开放的方针，发扬艰苦奋斗的精神，穷山也能变金山。咱们山西山区多、条件差，从这里看到了全省奔小康的希望。你们理家庄村人为山区脱贫致富奔小康走出了一条新路子。"推而广之，由于自然和历史的原因，在我国中西部地区，像理家庄那样贫困落后、条件艰苦的山区还有成千上万，全国还有六七千万人未解决温饱问题，然而，像阎王鼻梁山无水、无土、自然条件极其恶劣的却少见。理家庄人能改造干石山，那么其他山区何尝不能改造？

目前，中西部山区为什么山河依旧，变化不大？原因固然很多，但关键是人的观念没有更新，思想不够解放。有部分干部群众，一提搞脱贫致富就眼睛向上，存有"等、靠、要"的思想，宁肯苦熬，也不苦干。

与此相反，王铁锁恰恰是宁可苦干，也不苦熬。他参观归来找差距说：轻轻松松改造不了旧山河，舒舒服服建不成新农村，人家能办到的，我们为什么办不到？差就差在艰苦奋斗的精神淡薄了，要奋起直追，开发荒山。没有条件，他带领群众创造条件，"没水找水，没土取土，没路开路"。人是要有一点精神的。王铁锁就是这样，一不怕苦，二不怕死，带领群众一干就是八年，终于驱走了贫困，走上了富裕之路。

鸟无头不飞，人无头不走。贫困地区改变面貌，要走艰苦奋斗之路，关键是要有像王铁锁那样的带头人。王铁锁"生在农村，长在农村"，看到"祖祖辈辈受苦、受累、受穷"，不忍心，不甘心，这种对人民群众的深厚情感又化作高度的政治责任感，"样样活他都带头干，种种苦他都抢先吃"，"时时处处想到的是群众，唯独没有他自己"。即使他患了严重糖尿病，身在病床上，心还在山上。他那"扑下身子实干，豁出命来为民"的榜样的力量变成了广大群众改造荒山、兴建果园的强大动力。

王铁锁带领理家庄群众脱贫致富的实践还启迪我们：在社会主义市场经济新形势下的今天，不仅依然需要赓续艰苦奋斗的精神，同时尚须增添新的内涵；不仅需要苦干、实干、拼劲干，而且需要有改革的精神、开放的意识和科学的态度。

王铁锁在征服阎王鼻梁山的实践中，就是把这三者有机地结合起来。对于开发干石山、兴建果园的艰巨工程，他采取承包制，调动全村群众改造荒山的积极性。他敢想，敢闯，敢试，走出封闭多年的山门，自觉学习外地先进的实践经验，引入先进的科学技术。他尊重知识，尊重人才，聘请一批专家、教授指导生产，培养出扎根农村的100多名技术骨干，使科技这个第一生产力发挥了巨大威力。

王铁锁同志是高举改革开放和艰苦奋斗两面旗帜的农村基层党组织的模范带头人，他是具有强烈的改革精神、浓厚的开放意识、严肃的科学态度的艰苦奋斗的先进典型，值得广大农村党员干部认真学习。

我们希望中西部贫困地区涌现出更多的王铁锁式的党支部书记，带领广大农村干部群众继续发扬艰苦奋斗精神，征服一个又一个"阎王鼻梁山"，建成一个又一个"理家庄式的新农村"，使更多的农民摆脱贫困，早日走上富裕的康庄大道。

（原载于1996年9月21日《农民日报》头版头条）

宋逊风（右）采访山西省平定县理家庄村党支部书记王铁锁（中）

八、评论文章的起承转合及写作技法

评论文章的起承转合

评论文章，我国古代传统的结构章法是"起承转合"。

现代的评论文章，亦万变不离其宗"起承转合"，对此结构章法分述如下。

起，即起笔，乃文章的开头。首先开门见山地提出要说的道理，即摆出论点，解决评论"是什么"的问题。起笔宜开不宜合，或单刀直入，或启人思考，或引人注目，虽变化多端，但以自然为佳。接着，对所提出的论点进行解释或阐述。之所以这样做，目的有两点：一是评论文章的观点务必正确、鲜明而集中，给读者打下深刻的烙印，便于读者理解和把握；二是便于后文展开评论，评论文章的观点越明确、越具体，就越便于围绕论点展开评论。

承，即承接，就是承接中心论点，或从正面，或从反面，阐述自己的观点；或正起反接，或正接反起，以顺畅为妙。可以从事理上对论点进行论证，即运用马列主义和毛泽东思想的原理、社会生活的规律、公理等从理论上证明论点的正确性，亦可以举出具体事例加以论证，也就是毛泽东所说的"摆事实，讲道理"，从正面阐释"为什么"的问题。

列举事例要掌握以下四个要点：

第一，选择的事例要能够同观点默契吻合。

第二，对事例的叙述要简洁明了，只要写出能足以证明观点的部分即可，没必要叙述事例的全过程及其原委。

第三，事例举证后，要对事例作分析，揭示出事例所蕴含的道理，使事例与论点紧密挂钩，使之起到论证论点的作用。

第四，举实例要按照逻辑顺序，或从古到今，或从中到外，或从大到小，排列越有序，越能给读者以雄辩的气势和力量。

转，即转说开去，或一转，或二转，或三转，或更多转，总之迂回曲折，越转越奇，方称上乘。转的目的在于从反面解决"为什么"的问题。转可大致分为以下三种情况：

第一，从另一面或反面说，讲不同的意见，即由正面论述转入反面论述，这称之为"反转"。因为世界万事万物都有正反两个方面，如果仅证明一个方面尚不完整、不全面。为了将道理论证得完整全面、无懈可击，需要在正面讲完道理、摆出事实之后，再从反面论证，即是转到事物的反面或侧面去论证它的错误，借以从反面证明文章观点的正确。

第二，由反面论述转入正面论述，这称为"正转"。

第三，用推进一层的写法转入深处，即由正面论述转入更深一层意义的论述，这称为"进转"。

合，即收束全文，就是文章全文的总结、综合，是全部评论的结束、结尾，或明揭题旨，或耐人寻味，或启人遐想，以力取胜，也就是解决评论中"怎么办"的问题。在正反两方面论证后，评论结尾便可以水到渠成地重申文章的论点，这样既可以照应开头，使结构完整，又能够增强评论的逻辑性和说服力。最后可根据情况或提出解决办法，或发出号召，或作劝勉，或提希望。

上述的"起承转合"章法是评论文章安排结构、进行论证的基本方法。本着"文化自信"的精神，我认为"起承转合"的结构章法亦适用于社论、评论员文章、短评、消息、通讯、调查等新闻文体。可在此基础上或加或减，灵活变通，既可用于构思，又可用于谋篇布局。

"起承转合"此"四字章法"，我称之为"中国特色新闻体的四个W"。若将此法娴熟于心，得心应手，新闻写作将如行云流水，融会贯通。

下面剖析一下我配写的评论《艰苦奋斗的一面旗帜》是怎样运用"起承转合"章法的。

我写的《艰苦奋斗的一面旗帜》一文，是我采写的长篇通讯《征服阎王鼻梁的新愚公——记平定县理家庄村党支部书记王铁锁》于1996年9月21日《农民日报》头版头条当天见报所配发的评论。

这是一篇描写农村基层党支部书记王铁锁发扬艰苦奋斗精神，不顾个人身体率众把无水、无土的干石山改造成花果山的艰苦卓绝的事迹。

我写的这篇评论的字数虽然仅650字，可是我却花了10天时间采访王铁锁的事迹，体悟他的内心精神世界。而这篇评论的中心论点是评论他那难能可贵的精神。

人物的精神从何处采访？

辩证唯物主义认识论认为，物质第一性，意识第二性；存在决定意识，意识是存在的反映。人物的言行、事迹是第一性的，人物的精神是第二性的；人物的言论行动体现其精神面貌，人物的精神是其言行、事迹的反映。根据这个原理，首先要全面深入地采访人物的言行、事迹，然后再从其言行、事迹中透视人物的精神。

全面调查王铁锁的先进事迹比较难，因为他本人比较谦虚，不愿意谈自己做过的事情，所以只能从上下、左右有关的领导和周围的群众进行侧面采访。于是，我采访了县委书记、乡镇领导，采访了村委会的成员，采访了他带领的果树队队员，采访了他的妻子等人。

王铁锁感人的事迹动人心魄，他那发自内心的朴实而真挚的言语感人肺腑，我深深地被他的精神所打动了，近万字的长篇通讯及其650字的评论我是含着热泪写出来的。

纵观全篇评论，我是如下"起承转合"的：

起：

评论的开头，起笔在简单扼要地概括王铁锁事迹的基础上提出论点——艰苦奋斗的一面旗帜。

今天，本报发表的《征服阎王鼻梁的新愚公——记平定县理家庄村党支部书记王铁锁》的长篇通讯，向大家介绍了身患重病的王铁锁在改革开放后社会主义市场经济的新形势下，艰苦奋斗了八个春秋，终于把无水、无土的干石山"阎王鼻梁"改造成花果山，使全村人过上小康日子，从而谱写了一曲社会主义市场经济新时期的艰苦奋斗的凯歌，为全国贫困山区树立了一面艰苦奋斗奔小康的旗帜。

承：

在论点提出之后，引用中共山西省委书记胡富国对王铁锁难能可贵的做法及艰苦奋斗的精神的充分肯定加以证明这面"艰苦奋斗的旗帜"。

继而，评论将此精神推广延伸至全国贫困山区，提升到全国中西部地区的典型意义。用全国罕见的无水、无土、自然条件极端恶劣下的干石山改造成花果园的事例证明其精神具有的普遍意义。

王铁锁模范事迹的典型意义何在？中共山西省委书记胡富国同志给出了确切的回答："只要坚持改革开放的方针，发扬艰苦奋斗的精神，穷山也能变金山。咱们山西山区多、条件差，从这里看到了全省奔小康的希望。你们理家庄村人为山区脱贫致富奔小康走出了一条新路子。"推而广之，由于自然和历史的原因，在我国中西部地区，像理家庄那样贫困落后、条件艰苦的山区还有成千上万，全国还有六七千万人未解决温饱问题，然而，像阎王鼻梁山无水、无土、自然条件极其恶劣的却少见。理家庄人能改造干石山，那么其他山区何尝不能改造？

转：

由正面论证之后，"反转"设问中西部山区为何变化不大，并究其原因乃"宁肯苦熬，也不苦干"。

目前，中西部山区为什么山河依旧，变化不大？原因固然很多，但关键是人的观念没有更新，思想不够解放。有部分干部群众，一提搞脱贫致富就眼睛向上，存有"等、靠、要"的思想，宁肯苦熬，也不苦干。

继而，进行"正转"，用王铁锁"宁可苦干，也不苦熬"的正面事例加以对照、回应。

与此相反，王铁锁恰恰是宁可苦干，也不苦熬。他参观归来找差距说：轻轻松松改造不了旧山河，舒舒服服建不成新农村，人家能办到的，我们为什么办不到？差就差在艰苦奋斗的精神淡薄了，要奋起直追，开发荒山。没有条件，他带领群众创造条件，"没水找水，没土取土，没路开路"。人是要有一点精神的。王铁锁就是这样，一不怕苦，二不怕死，带领群众一干就是八年，终于驱走了贫困，走上了富裕之路。

接着，运用"进转"手法进一步地阐述王铁锁"扑下身子实干，豁出命来为民"的榜样带动作用。

鸟无头不飞，人无头不走。贫困地区改变面貌，要走艰苦奋斗之路，关键是要有像王铁锁那样的带头人。王铁锁"生在农村，长在农村"，看到"祖祖辈辈受苦、受累、受穷"，不忍心，不甘心，这种对人民群众的深厚情感又化作高度的政治责任感，"样样活他都带头干，种种苦他都抢先吃"，"时时处处想到的是群众，唯独没有他自己"。即使他患了严重糖尿病，身在病床上,心还在山上。他那"扑下身子实干,豁出命来为民"的榜样的力量变成了广大群众改造荒山、兴建果园的强大动力。

转而,进行第二次"进转",即在充分肯定王铁锁艰苦奋斗精神的同时,宣扬他坚持改革开放和科学的态度,将"三者"统一落实在改造干石山、兴建果园的工程上。

王铁锁带领理家庄群众脱贫致富的实践还启迪我们:在社会主义市场经济新形势下的今天,不仅依然需要赓续艰苦奋斗的精神,同时尚须增添新的内涵;不仅需要苦干、实干、拼劲干,而且需要有改革的精神、开放的意识和科学的态度。

王铁锁在征服阎王鼻梁山的实践中,就是把这三者有机地结合起来。对于开发干石山、兴建果园的艰巨工程,他采取承包制,调动全村群众改造荒山的积极性。他敢想,敢闯,敢试,走出封闭多年的山门,自觉学习外地先进的实践经验,引入先进的科学技术。他尊重知识,尊重人才,聘请一批专家、教授指导生产,培养出扎根农村的100多名技术骨干,使科技这个第一生产力发挥了巨大威力。

合:

最后,首先作全面、综合的总结,共分两点:一是对王铁锁这位先进人物的高度评价;二是这个先进典型的闪光点。结尾,发出了号召:"值得广大农村党员干部认真学习。"并提出了希望:"涌现出更多的王铁锁式的党支部书记""发扬艰苦奋斗精神""摆脱贫困""走上富裕的康庄大道"。

王铁锁同志是高举改革开放和艰苦奋斗两面旗帜的农村基层党组织的模范带头人,他是具有强烈的改革精神、浓厚的开放意识、严肃的科学态度的艰苦奋斗的先进典型,值得广大农村党员干部认真学习。

我们希望中西部贫困地区涌现出更多的王铁锁式的党支部书记,带领广大农村干部群众继续发扬艰苦奋斗精神,征服一个又一个"阎王鼻梁山",建成一个又一个"理家庄式的新农村",使更多的农民摆脱贫困,早日走上富裕的康庄大道。

评论文章的写作技法

(1)新闻评论的概念及作用

新闻是对新近发生的事实的报道,而新闻评论是对新近发生的新闻事件所发表的言论。新闻评论是与各种新闻体裁并列的文体。其中的区别在于，其他新闻体裁是传播新近发生的事件信息，而新闻评论是以传播意见性信息为中心目的和手段的文体。

新闻评论何以产生、存在、发展？是因为读者不仅需要通过新闻媒体了解新闻事件本身，还需要通过新闻媒体了解新闻事件的意义、原因和发展趋势。

新闻评论用以表达作者对新闻引发的诸社会问题的思考，表达对新闻事件或新闻人物的判断及评价，表达对新闻事件或新闻人物的特定的认识。

（2）新闻评论作者应具备的三个能力

一是要具备精准地把握新闻事件或新闻人物的能力；

二是要具备辩证分析、综合判断、认知升华的能力；

三是要具备逻辑推理、论证的快速高效的表达能力。

新闻评论写作要做到"四性"

（1）论题要有针对性

若用一句成语来形容，论题要有针对性，就是要"有的放矢"。其中的这个"的"，就是人民群众普遍关心、迫切需要回答的思想问题，就是物质文明建设和精神文明建设中广大人民群众急需解决的社会实际问题；其中的这个"矢"，就是马列主义、毛泽东思想的观点、方法。

论题是指作者在评论文章中提出要进行评述的问题，是论证的对象。它规定和限制文章评述的范围和重点，它决定着评论展开的方向和途径，是贯穿全文内容、安排结构的线索。论题一般体现在标题或序言中。

（2）论点要有鲜明性

论点要有鲜明性，意思是要求论点既要新鲜、独特，又要明确、集中。不能是别人已经说过的老生常谈，也不能含糊其词、模棱两可，最好能让读者觉得别开生面、为之一振。

论点是作者对所评述的问题提出的见解、主张及表达的态度，在整个评论文章中担负着评述什么、论证什么的任务，明确地表示作者赞成什么、反对什么。一般的评论文章就有一个论点。较长的评论文章有中心论点和分论点。中心论点，是作者对所评述的问题的基本看法，是作者在文章中所提出的最主要的思想观点，是全文论点的高度概括集中。分论点是从属于中心论点并为阐述中心论点服务的思想观点。分论点也需要加以评述和论证，经证明成立的分论点，便自然成为支撑中心论点的有力证据。

（3）论据要有典型性

所谓典型性，就是论据所采用的材料既要真实可靠、有据可查，又要有一般的代表性，而不是生僻得无人知晓的事例或论述。

论据是用来证实论点的根据。在逻辑学上，它是用来确定论题的真实性的那些判断。在证明中，它担负着回答"为什么"的任务。论据，依据其本身的性质和特征，分为理论性论据和事实性论据。

理论性论据是指那些来源于实践，并已被长期实践证明和检验过、断定为正确的思想观点。它包括马列主义、毛泽东思想的基本原理的经典论述，党的路线、方针、政策，科学的定义、法则、规律，一般的公理、常识以及成语、谚语，等等。

事实性论据是对客观事物的真实性的描述和概括，具有直接现实性的作用，所以是证明论点的最有说服力的证据。事实性论据包括个别事例、概括性事例和数据材料。运用事实性材料，要围绕论点对事实材料加以概括、提炼，力求简洁明了，使其对论点起到证实和支撑之作用，相当于论点的"钢筋铁骨"；若用一句话形容，即"事实胜于雄辩"。

论据要与论点相对应，有内在联系，要有代表性，要少而精，要精练而概括，可正反面相结合举例。

（4）论证要有逻辑性

论证即是运用论据证明论点的逻辑过程和方法，也就是指材料和观点有着怎样的逻辑联系，如论据与论点之间呈演绎推理或归纳推理的联系。论证担负着回答"怎样证明"的任务。为此，论证的结构须严谨，逻辑性要强，合乎规范模式。

评论文章的结构

评论文章的结构是指文章内部的观点和材料的组织安排。基本结构通常包括引论、本论、结论。而本论是文章的主体，是对问题的分析。评论文章常用的结构形式有以下四种：

（1）并列式

在评论中，为了评述方便，将文章的中心论点分解成几个平行的、并列的分论点，或者把论据并列起来，论证几个层次或段落之间的关系，这就是并列式。

（2）对比式

在评论中，把两种事物或意见加以对比，或者用一种事物或意见来烘托另一种事物或意见，这就是对比式。正如毛泽东主席所论述的："有比较才能有鉴别。"

（3）递进式

在评论中，由浅入深，层层深入，步步推进，即是递进式。其特点是各层的前后顺序有严格的逻辑关系要求，不得随意变更：先提出问题，然后再分析问题，最后解决问题。

（4）"总—分—总"式

这是运用最多的一种结构形式。在评论中，有的是先总说后分说，有的是先分说后总说，有的是先总说后分说然后再总说，这就是"总—分—总"式。

论证的八法

评论文章写法的关键是论证。从形式逻辑的角度来说，论证是运用论据证实论点的全部逻辑推理过程。这个过程表示论据和论点之间是用哪种逻辑的方法联系起来或统一起来的。论证方法，就是论点和论据怎样联系起来的方法；换言之，也是论据以怎样的方式证明论点的。论证方法常用的有以下八种：

（1）列举事例法

列举事例，就是运用典型的具体事实作为论据来证明论点。这是运用归纳推理的形式进行论证的一种方法，比较容易掌握，应用较普遍。其中要特别注意的是论据同论点的方向的一致性和统一性。

（2）引申事理法

引申事理，就是运用人们已知的事理作为论据来证明论点。这是运用演绎推理形式进行论证的一种方法，也称之为"演绎法"。这种方法，通常引用公认的真理性的名言、警句来证明某具体事物的真实性，具有较强的说服力。用这种论证方法要注意以下三点：

① 引用的事理与论点真正构成一种紧密的内在联系；

② 对引语要作必要的阐述和说明，不要引完就下结论；
③ 引语要简洁，对引语要抓住其中的精华。

（3）反证法

反证法，就是不是从正面直接证明论点，而是从反面间接证明论点。此乃运用演绎推理形式进行论证的一种方法。此法可以从下面两个角度中选择其一进行：一是为了证明自己提出的论点的正确性，先去证明与这个论点相矛盾的另一个论点是错误的；二是为了证明对方论点是错误的，先去证明与其相矛盾的另一个论点是正确的。这两种角度，都是反证法。

（4）类比法

类比法，就是用另一事物的正确或谬误证明这一事物的正确或谬误，或者对一类事物的某些相同的方面进行比较。此法是用类比推理形式进行论证的一种方法。运用此法须切记所类比的事物要同属一类，而且具有本质方面的相同点。

（5）对比法

对比法，就是把论据中截然相反的两种情况进行比较，使比较的双方形成鲜明的对照，相互衬托，特别能够突出一方面的性质，具有强烈的论证力量，所以运用较普遍。

对比法分为两种：第一种是"横比"，是把同一时期的两种性质截然不同的事物进行比较；第二种是"纵比"，是把同一事物在不同时间的不同情况进行比较。

（6）因果互证法

因果互证法，就是通过分析事理，揭示论点和论据之间的因果关系，来证明论点的一种方法。此法可以用原因来证明作为论点的结果，也可以用原因的必然性证实结果的必然性。

（7）喻证法

喻证法，是一种用比喻来说明道理的方法。古语说"喻巧而理至"，恰如其分的比喻有助于说清楚、讲明白道理。此法是运用类比推理形式进行论证的一种方法，应用比较广泛。

（8）归谬法

"归"是推导的意思，归谬就是推导谬误。此法是先假定对方的论点是对的，继而以此作为前提，推导出一个显然是荒谬的结论，借以证明对方的论点是错误的。此法仅限于用来反驳错误观点。

评论文语言的"五性"

（1）准确性

在选用词语上，力求准确而严谨，因为评论文一般采用逻辑推理阐述事理和观点，要求语言文字严格、严密、无误。

（2）鲜明性

论点表述要鲜明，论据论证要直指主题，旗帜鲜明，赞成什么，反对什么，爱憎分明，毫不含糊。

（3）概括性

要求评论语言概括性要强。语言概括性越强，则所说明的道理的普遍意义也就越大。

（4）逻辑性

要求评论要有严密的逻辑性，判断准确、推理严密、逻辑严谨乃评论文的理论性、政策性所要求的。

（5）普及性

要求所用的词语要尽量接地气、大众化。因为评论文章不同于学术论文，学术论文面对的是专家、学者、教授及有关的专业科学技术人员，而评论文章面对的是广大读者。这个读者群体包含的范围相当广泛，除了各级公务员、科技人员、大专院校师生等知识分子，还包含亿万工人、农民等，所以评论文章要力求普及性，要让广大人民群众都能看得懂，听得明白。这就要求文章词语要尽量通俗化，雅俗共赏；换言之，写文章也要有群众观点。

九、创办周刊，助推种业，走向世界

关于上层建筑对经济基础的反作用，马克思主义早已有明确论断。斯大林同志于1950年在《马克思主义和语言学问题》一书中说："上层建筑是由基础产生的，但这绝不是说，上层建筑只是反映基础，它是消极的、中立的，对自己基础的命运、对阶级的命运、对制度的性质是漠不关心的。相反地，上层建筑一出现，就成为极大的积极力量，积极促进自己基础的形成和巩固。"此论述鲜明、确切地阐明了上层建筑对经济基础的积极反作用。

作为上层建筑意识形态范畴的新闻宣传对经济基础自然要起到积极促进的反作用。这个积极的促进作用需要新闻单位及其新闻从业人员肩负任务，付诸实施。

我在中学读书时期喜欢运用学到的自然科学的知识解释和说明社会科学的问题。到了农民日报社以后，我根据上层建筑对经济基础反作用的规律，把我创办的《中国种业》周刊及《中外种业》对种子产业所起到的积极促进作用，运用化学可逆反应的方程式加以表述：

如上图所示，我理解媒体与产业的关系好像化学里面的可逆反应。可逆反应是指在一定条件下，既可以向生成物方向进行，也可以向反应物方向进行的化学反应。同样道理，媒体能够反映产业，服务产业，助推产业，产业又可以为媒体提供资讯，提供素材，提供资助，双方相辅相成，相互

促进，共同发展。

这种可逆"反应"靠谁去完成呢？主要是靠媒体从业人员与企业家的共识、合作，似同于可逆反应中的催化剂。

下面谈谈我创办《中国种业》周刊、《中外种业》的起因、经过以及怎样推动和促进产业的发展？如何从中国走向世界？

发现潜力，预见前景

1996年初春，我在担任农民日报社群工部主任期间赴安徽采访，时任省长的回良玉同志向我推介合肥丰乐种子公司，该公司选育推广的西瓜种子占领了全国40%多的市场，大有发展前景。

由此我意识到种子企业宣传的必要，而且也大有发展潜力。

在回良玉同志的推荐下，我到合肥丰乐种子公司采访了解到，该公司正在为上市做准备工作。在采访该公司创始人张海银总经理时，我向他建议利用这个契机把种子公司改为"种业"公司，扩大公司的经营范围。张海银总经理欣然采纳了我的建议，即把公司更名为"合肥丰乐种业股份有限公司"，并以此名申报，成功上市，成了"中国'种业'第一股"。

从此，我首创的"种业"一词，在全国农业系统不胫而走，各地的种子公司相继改名或新命名为"种业公司"。

之后，我对30余家种业公司进行了调查。这些公司的有关领导纷纷表示：新品种、新技术需要从科研单位"解放"出来，变成种子企业和广大农民增产增收的生产力；种子市场应该开放，有序竞争，依法管理；新品种应当得到保护，种业应该制定法律，为促进发展保驾护航；应当大力宣传报道种业科研、生产、经营的先进单位和模范个人，等等。这些急需有专业的报刊为种业鼓与呼。

由此我认识到：种业新闻报道内容丰富，大有开拓空间，急需宣传，势在必行。

"曲径通幽"寻求支持，创办《中国种业》

（1）司长支持

从安徽采访回京后，我到农业部农业司，向有关处长征求创办《中国种业报》的意见。处负责同志均不看好，认为种子行业是个小行业，没形成系统，没有什么值得报道的，即使办了报纸也没有什么内容可登。但是，农业部党组成员、农业司司长崔世安同志（其后任国务院国资委监事会主席——正部级）热心支持。

（2）企业赞助

1997年初，我向农民日报社领导打了书面报告，申请创办《中国种业报》。当时，农民日报社原有一个《农村生活报》的报号闲置未用，本来可以上报主管部门更名为《中国种业报》即可，可是拖了半年多时间也未被批准。在中国的计划经济时期，新闻单位也会打上计划经济的烙印，凡事必须经单位领导批准，单位领导没认识到的事情，或者有碍于人际关系不便于办的事情，也只好拖着缓办，或者干脆不办，宁肯现成的报号最后报废掉。幸好那时报社为了创收，解决资金不足，开启了一个走市场的门缝——凡是能为报社拉进50万元以上赞助费的，即可批准创办各种周刊。于是，我决定走此市场化途径。办报不成，就筹办周刊；否则，永远也办不起来。

1998年初，我赴辽宁采访辽宁东亚种子集团公司董事长陶承光，为其撰写并刊登在《农民日报》一整版的长篇通讯《东亚之光》。1998年8月，辽宁东亚种子公司一次性赞助60万元独家协办。借此东风，我于1998年8月28日在《农民日报》创办了《中国种业》周刊，特邀辽宁省副省长杨新华同志题写了刊头。杨副省长还挥毫为本刊题词"国以农为本，农以种为先"，在《中国种业》周刊上刊登，精辟地确立了种业在国民经济的重中之重的地位。

我创办《中国种业》周刊的实践证明：市场化，就是靠市场说话，只要上下都遵循市场规则，路一走即通，事一办即成，没有人为的障碍和羁绊。

我创办的第1期《中国种业》周刊于1998年8月28日见报。当天，北京市正在举办全国种子交易大会。

1998年8月28日宋逊风创办的《中国种业》周刊第1期的版面内容

合肥丰乐种业股份有限公司董事长庞丽萍看到《中国种业》周刊时惋惜地对我说:"这个《中国种业》周刊理应由我们丰乐公司独家协办!"我说:"欢迎您公司加盟!"后来,合肥丰乐种业、山西屯玉种业、山东登海种业、中国种子公司、北京德农种业、隆平高科种业、湖南亚华种业、湖北惠华三农种业、安徽省种子公司、江苏明天种业、北京种子公司、创世纪种业、甘肃金象种业、新疆康地种业、河南秋乐种业、四川德农正成种业、辽宁丹玉种业、山西北方种业、内蒙古大民种业、蒙丰种业、重庆中一种业、黑龙江宁安红城种业、河南农贝得农技公司等50余家公司相继加盟协办我所创办的种业周刊。

借访美之机，筹办《中外种业》

（1）"全国百佳新闻工作者"中国新闻代表团

1999年3月初，中共中央宣传部发文，从首届"全国百佳新闻工作者"中选派10名记者、编辑，组成"中国新闻代表团"赴美国访问。我被选定为中国新闻代表团成员，于4月出访。

（2）梦想拉进美国

1999年3月1日中央宣传部的"组团通知"下达到农民日报社通知我本人之时，我脑子里即刻浮现梦想：这次访美，我不能白去，一定要借此机会想方设法把美国拉进我所创办的种业周刊。

我首先查阅了有关美国种业的资料。我了解到，美国是世界种业第一大国，美国《联邦种子法》已经颁布100多年，美国跨国种子公司众多，其中先锋种子公司一年的营业额竟能超过全中国种子公司营业额的总和。

可是，我不认识美国种业领导人怎么办？为了达到把美国拉进来的目的，在出访前我通过中国的朋友帮助我联系美国方面，预定中国新闻代表团在华盛顿访问期间我同美国种业领导人会谈。

（3）走进中南海的启迪

前些年，我先后四次去过中南海。第一次是看望我在东北师范大学主编校报时期在校报编辑部工作的宋九才老师。我有幸参观了毛泽东主席书香浓郁、遗物简朴的丰泽园故居，被他老人家的雄才伟略、艰苦朴素的高风亮节所感动。他的丰功伟绩、艰苦奋斗的精神，我一辈子都不能忘！而且我不仅要身体力行学习毛主席的精神，还要教育传承给子孙后代，永远铭记！

第二次是看望我在农民日报社记者站时期的党委书记、省委常委、农工部部长回良玉同志（时任中共中央政策研究室副主任）。

第三次是我被调任农民日报社群工部主任时期，我到中南海怀仁堂小会议室参加中共中央办公厅、国务院办公厅联合召开的中央主要媒体群工部主任座谈会。

第四次就是出访美国赴北京国际机场之前。那天凌晨，恰巧我乘坐报社送报纸的轿车。平时我的主要工作是组织部门的编辑同志编辑《读者之声》《中国种业》两种刊物，并向党中央、国务院及有关部委、省区领导机关编发《上送件》及《内部参考》。我很少了解报社送报纸的事情，只知道《农民日报》是通过邮局订阅发行到全国各地的。这次我乘坐报社送报纸的轿车，恍然大悟，才知道送报纸的去向。报社送报的轿车直奔长安街，然后折向府右街，进入中南海，先到国务院办公厅给总理、副总理送《农民日报》，接着又到中央办公厅给总书记、政治局常委、政治局委员送《农民日报》。出了中南海，轿车便直奔国际机场，送我登机。由此我受到启发——《农民日报》是"通天"的，党中央和国务院领导每天都能看到。

（4）不去白宫，去纽约大道

4月中旬我们"中国新闻代表团"赴美国访问的第一站是旧金山，访问了市政厅、黄金海岸、金门大桥、唐人街等处。第二站就是美国首都华盛顿，上午去白宫，下午去国会大厦。新闻代表团的日程是既定不变的，与美国种业负责人会谈的时间也已经确定在到华盛顿的那天上午。会谈与访问的时间相冲突了，怎么办？于是，我想跟美国种业领导人协商是否可以推迟一天。我在中学、大学学的全是俄语，对英语一窍不通，怎么联系？在飞往华盛顿的前一天，我在宾馆大厅踱来踱去，不时地盯着电话间，寻觅会说英语的中国人。功夫不负有心人，终于等到一位会说英语的中国女士。好像是他乡遇故知，有了救星，我高兴得不得了。我说明了意图，请她帮我联系推迟一天会谈之事。她很热心帮我打通了电话，但对方回答说：如果宋先生不方便如期会谈的话，就取消会谈，因为美方早已把一个月的日程安排满了，没有可调整的余地了。

女士向我转达之后，我脑子里好像有两个小人在打架：一个是白宫，一个是纽约大道（美国种子贸易协会所在地）。我心里很矛盾：不去白宫很可惜，但以后还可能有机会；如果取消了会谈，言而无信，失去信誉，很可能永远失去合作的机遇。于是我马上做出决定：不去白宫，去纽约大道，如期赴约！我又请女士回复美方："原来会谈约定时间不变，宋先生准时赴约。"

（5）与美会谈延长2小时

到白宫那天，我向代表团团长请假，上午9点与美方会谈。团长是《中国新闻出版报》的张总编辑，他很理解我应邀会谈的良苦用心，欣然准了假。华盛顿城市很大，我又不会英语，要是自己找肯定找不到。我请代表团大轿车的司机将我拉到纽约大道。下了车，我就对着门牌号码，一个门挨着一个门地找，终于找到了美国种子贸易协会的大厦。我看了看表，正好8点30分。原定9点开始会谈，10点结束就走人。其实除去翻译翻来覆去的时间，仅有不到半个小时的时间，太短暂了。此时此刻，我感觉到时间太宝贵了，深刻理解了"时间就是金钱"的真谛。路上我一直在想：选择什么恰如其分的理由说服美方，让美方心甘情愿地认可并赞助我所办的《中国种业》周刊？我浮想联翩，忽然想起了在中南海的启迪……

美国人非常守时，我8点30分到了，他也不提前开始，女秘书给我端来咖啡。9点整，美国种业负责人带着女翻译就座，开始了预定1小时的会谈。我在有限的时间，向对方阐述了美国种业的优势、中国种子市场的广阔，并为对方设身处地摆出了他们种子出口中国难，在中国试种难，最后为对方指明了出路——要想将来把美国种子打进中国，现在就必须依靠媒体先造舆论。全中国最好的、唯一的种业媒体就是我们的《中国种业》周刊。因为《中国种业》"上通天"，每天都送给中央领导看；"下连地"，中国13亿人口9亿农民，每个农民都喜欢看本报。

上述我的谈话打动了对方，征服了对方，使会谈突破了原定的时限，一直延长到12点钟。最后美方种业负责人问我："宋先生，今年下半年什么时候方便，特邀请您专程采访美国各大种子公司？"我回答："下半年9月份我的时间方便。"美国种子贸易协会负责人高兴地回答："好！就这样决定，9月份再见！"

（6）跨国公司的采访

回国后，我及时撰写了会谈纪实，题目是《加强中美合作，促进种业交流》，1999年5月初见报于《农民日报》之《中国种业》周刊，并配发了我与美国种子贸易协会负责人的合影。真险！见报的第二天，美军轰炸机就袭击了中国驻南斯拉夫大使馆。此后相当长一段时间，中国停止了同美国的一切外事活动。幸亏我写的报道早一天见报了！

由此我深切地体会到：新闻报道，越早发表越好，否则就会变成旧闻了；事物瞬息万变，变来变去新闻可能会变成不合时宜的内容，变成永远不能发表的废稿。

到了1999年下半年，美国种业方面一直没有任何信息，我以为美方邀请我采访一事没戏了。8月中旬，我突然接到一个国际快件，打开一看，是美方发给我的邀请函，让我尽快找个翻译一起办签证。8月末，美方把我和翻译的机票寄给了我。

我和翻译小伙子乘坐"空中客车"飞抵美国以后，就换乘五六个人的小飞机飞往6个州的10多个跨国种子公司。美国的各大种子公司都建在距离城市较远的农村；中国种子公司却不同于美国，大部分都建在城市，大型的设在京城，中型的设在省城，小型的设在县城。我国种子公司的这种城市化的格局，不利于科技创新。

我们乘坐的小飞机噪声非常大，我跟翻译说话，他都听不清楚。而且小飞机仅仅有一个发动机，一旦机器出故障，我们就会有生命危险，简直是命悬一线，让人提心吊胆。每次小飞机安全着陆，我们悬着的心才能落地。

我在美国采访印象最深的有先锋公司、圣美尼斯公司、西海岸公司、泛美公司以及国家种质资源库等。

先锋公司的科教负责人引导我参观了他们的实验室，并在实验室里用直观的仪器为我现场演示了转基因玉米的科学原理，顶级的设备、先进的技术令人耳目一新。接着，带领我到他们的玉米试验地观摩，我发现先锋公司的玉米秆不高，穗不大，其貌不扬，但籽粒密，穗轴细，千粒重，产量高，质量好，与中国的玉米高秆、大穗截然不同。由此我们应该受到启发：选育新品种，不应"以貌取种"，只看表象，忽略内质。已经畅销十余年而且现在依然是中国的主导玉米品种的"郑单958"，就属于表象一般、内质优秀的品种。该品种刚被审定通过时，有两家中国公司搞到经销权以后又退掉了，究其根源则是"以貌取种"了。

在世界最大的蔬菜种子企业圣美尼斯公司，我参观了西红柿的收获、清洗、包装的全过程。这三道工序全程机械化。安装电脑的收割机开过去以后，地面留下的茎叶与西红柿各自分离，绿的一堆是茎叶，红的一堆是西红柿，西红柿"毫发无损"，令人叹为观止。简直不可思议，即使手工操作也难免混杂乃至破损。该公司的专家告诉我，之所以如此，其原因一是培育的品种就是耐储运的，二是计算机操控的设备科技含量高。

西海岸公司国际业务主管波恩向我介绍：近年来出口中国，营销方式灵活多样，把客户摆在主人翁的位置，可以标中国公司名字，也可以标他们公司的名字，并且全程跟踪服务，负责到底，保质，保量，保出芽，保结果，并承诺承担一切法律责任及经济赔偿。

在世界最大的花卉种子企业泛美公司，我参观了现代化的智能温室和自动化营销流水线。其温室的温度、湿度、光通量及灌溉量等都由计算机管控调节，不用人操心费力。其营销流水线仅有一位年轻的姑娘在巡视，只见世界各地的定购种单从计算机里不断地传出后，直接输送到种子分销处包装，打捆，运输。看不见粉尘，听不到噪声，既清静又卫生。在公司的墙上张贴着巨幅时钟，上面的英文我看不懂，便问在那里就职的中国山西来的博士。他说：不论在世界哪个地方的客户，只要发来定购种单，或者发来技术求助函，泛美公司一定能在24小时之内把种子发运到，或者派人去解决技术难题。这种及时周到的服务，是泛美公司独到的营销战略。

（7）太平洋彼岸汇来美金

从美国采访归来，我陆续撰写并在《中国种业》周刊上发表了关于美国种业的系列报道，让国人了解世界先进种业的信息和经验。

继而，我与美国种业负责人通过传真、电子邮件多次联系磋商，达成了合作的意向。最后，在中国大饭店敲定了《协办协议》：我方为美方宣传8次，每次不超过2000字，不违反中国的法律法规；美方提供稿件，总共付给农民日报社5万美元。不久，美方遵照《协办协议》如期付了款。这是我为农民日报社争取到的全社唯一的美金——5万美元，按当时汇率相当于近50万元人民币。

2000年初，我到农业部专程请常务副部长万宝瑞同志题写了《中外种业》刊头。万部长很谦虚，用毛笔写了五六张让我自己选。《中国种业》从此易换刊头，改为《中外种业》。刊发内容从国内扩展到国外，凡是世界种业的新信息、新观点、新品种、新技术皆选登。版面增加到4个。外国的种业公司和管理部门也开始为《中外种业》供稿，使国人更全面、深入地了解外国种业，让外国人更熟悉中国种业的本土特色及市场潜在空间，增进了中外种业的交流。

跨出国门，走向世界

（1）《中外种业》高层论坛

为了扩大《中外种业》在国际上的影响，进一步促进世界种业的交流，我成功地组织举办了两届"《中外种业》高层论坛"。第一届在昆明，第二届在郑州。美国种业负责人、大学教授，以及新加坡等国种业公司总裁、WTO专家和中国著名种业企业家、管理部门官员参加了论坛，分别作了精彩的演讲，并提交了论文。农业部原常务副部长、种子协会会长万宝瑞和农技推广中心主任、联合国粮农组织总干事夏敬源，以及农民日报社副总编辑李文学、吴秀龙等出席了论坛，并作了报告。

论坛最后我作了《〈中外种业〉周刊创办10周年》的报告。论坛上的演讲、报告及论文都陆续在《中外种业》刊登。两届种业高层论坛使中外种业专家、学者、企业家、管理者借助《中外种业》的平台交流了经验，沟通了理念，传递了信息，增进了了解，为进一步合作奠定了良好的基础。

（2）登上芝加哥的世界讲坛

2001年10月美国种业负责人给我发来邀请函，特邀请我参加12月初在芝加哥举行的全美洲种业大会，并作专题新闻发布演说。我拿着美国的邀请函去找农民日报社的领导，领导很支持我出席大会。

"9月11日美国纽约刚刚遭到恐怖袭击，世贸大厦被炸毁，你去美国可要当心！"领导好心地提醒我，他是怕我有危险。网上盛传：恐怖分子的下一个袭击目标就是芝加哥。

去还是不去？去芝加哥，确实有风险；不去芝加哥，又失去了一次向国际宣传《农民日报》之《中外种业》及中国种业优势的绝好机遇。那时，我才切身体会到机遇和风险并存的滋味，内心十分纠结。后来有两个理念为我壮胆：一个是"最危险的地方，往往也是最安全的地方"；另一个是"吃一堑，长一智"，美国在纽约受到突袭以后，肯定会采取万全之策加以防范。大学时代我娴熟于心的毛泽东主席语录油然浮现脑海——"下定决心，不怕牺牲，排除万难，去争取胜利"。

2001年12月4日我从北京飞往芝加哥，抵达时是当地时间12月4日19点左右，因不懂英文在飞机上填错了表，出关时被审查半个多小时才放行。美方助理肯特先生已在门外等候多时，我只会说"扫瑞""三叩"表示歉意和谢意。肯特挥手示意，把我让进了一辆白色的加长林肯豪华大轿车。在车里，看不见司机，中间是茶几，前后各有一个沙发。肯特与我隔几而坐。我不会英语，他不懂汉话，我俩只能相视而笑。那时，我才尝到了不懂英语的尴尬苦涩。也难怪，我在中学和大学时，老师教的都是俄语，因为那时是中苏友好时代，美国是被打倒的帝国主义。现在看来，不论哪个时代，掌握世界上使用最广泛的英语对事业的开拓、对个人的发展都大有裨益。

一路上，我左右观光，大街两侧的树上缀满了亮晶晶的彩灯，一派迎接圣诞节的气氛。我看到此景此情，来时悬着的心稍微平稳下来。林肯大轿车把我拉到宏大的君悦宾馆门前，宾馆的总经理和会议的主办人已经在台阶上迎候。步入宾馆大厅的时候，扑入我眼帘的是一位女教师正在指挥学生放声高唱《圣诞歌》。圣诞的歌声让我的心境彻底放松下来，芝加哥的市民已经沉浸在喜迎圣诞的氛围之中。

进入房间，宽敞豪华的客厅令人心旷神怡，设有三个明亮的落地窗，窗下的芝加哥河沿街而过。厅内分为会客间、咖啡厅，还有厨房；右边是大会给我安排的翻译房间，左边是我的卧室和浴室。

吃过晚餐，会议主持人通知我，第二天上午大会开幕，下午请我作专题新闻发布演说。我来不及倒时差，只好连夜赶写演讲稿，一直加班到凌晨2点多才休息。第二天上午也没有机会小憩，在采访美国种业负责人时，我若不是极力地克制自己肯定会打瞌睡。下午，我开始了长达1小时40分钟的演说，密歇根州立大学教授赵伟钧博士为我兼任翻译。我讲了中国种业的历史、现状，讲了中国种业的优势及发展潜力，还讲了中国种业对外开放的政策，最后介绍了《农民日报》之《中外种业》周刊。

在这次全美洲种业大会上，还设专栏展出了发表在《中外种业》周刊上的有关美国种业内容的报纸，引起了各国与会者的广泛关注。此次全美洲种业大会使我和我创办的《中外种业》周刊登上了世界种业的殿堂。

我万万没想到的是，美国几个种业报刊当天和次日就分别发表了我的演讲内容并刊登了我演讲的照片。

第三天，我分别采访了参加全美洲种业大会的部分跨国公司。第四天，还访问了芝加哥周边的著名种子企业。

2002年1月3日《中外种业》周刊第50期第1版的部分版面内容。

2001年12月5日宋逊风（右）应邀在芝加哥全美洲种业大会独家新闻发布会上演讲，美国密歇根州立大学教授赵伟钧博士（左）做现场翻译。会场左侧墙壁上展出的是宋逊风创办并主编的《中外种业》周刊

回国后，我在《中外种业》头版头条刊登了全美洲种业大会的消息和我拍摄的图片，引起了轰动效应。许多种业公司老总和种子站的领导为之喝彩说："咱们的种业周刊报纸都打到美国去了！"

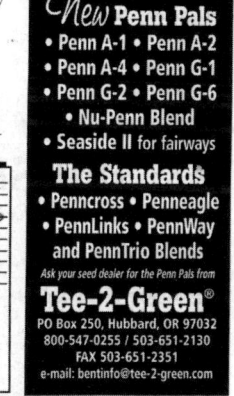

宋逊风（右上）在2001年12月5日全美洲种业大会上的演讲刊登于次日的美国《种子与农作物》杂志

（3）《中外种业》周刊对中国种业的影响

自1998年8月28日，我创办的《中国种业》及《中外种业》总计出版了627期，一直延续的种业版至今已经连续出刊24年，经久未停。这20余年间，中国种业有何影响和变化？

①由种子变种业，从条例变法律

以前，全国没有"种业"这个提法，各地的种子企业也都注册为"种子公司"。我创办《中国种业》《中外种业》以后，这些"种子公司"都相继更名或重新命名为"种业公司"。凡是举办跟种子有关的会议，也称之为"种业"会议之类。

新中国成立以来，直至20世纪末，我国从来没有种子法，有的仅仅是《种子管理条例》规定的条款，没有法律的约束力。

我于1998年创办《中国种业》，2000年改版为《中外种业》。此后各地陆续反映过去仅有的《种子管理条例》在广度、深度和力度上已经远远不适应种业的发展。据此，全国人大制定了《中华人民共和国种子法》，于2000年12月1日正式实施。

②机构从无处到有处，到设局，到建司

过去，国家农业部下设农业司，农业司下设粮油处，没有独立的种子处。我创办《中国种业》以后，农业部农业司正式设立了"种子处"。

农业部以前从来没设种子局，我创办《中国种业》《中外种业》之后开始设立了"种子局"，后来又改成"种业司"。

③扶持一批企业，扶植一批企业家

我创办的《中国种业》《中外种业》先后陆续宣传，树立了50多家先进骨干企业，有些被评为"中国种业50强""中国种业100强"。

诸如：中国种子公司、隆平高科种业、合肥丰乐种业、山西屯玉种业、山东登海种业、北京德农种业、湖南亚华种业、湖北惠华三农种业、安徽省种子公司、江苏明天种业、北京种子公司、创世纪种业、甘肃金象种业、新疆康地种业、河南秋乐种业、四川德农正成种业、辽宁丹玉种业、山西北方种业、内蒙古大民种业、蒙丰种业、重庆中一种业等。

譬如：东亚种子集团和屯玉种业这两个公司，分别是辽宁、山西的种子公司，在全国名不见经传。后来在《中国种业》《中外种业》的宣传扶持下，其企业的良好形象、品种的突出优势在全国的影响逐渐扩大，在"全国种业50强"企业评选中排名分别跃居第一和第二。

例如：由于本报《中国种业》《中外种业》的典型宣传，加之领导能力强、管理水平高、政绩突出、德高望重，东亚种子集团董事长陶承光先后晋升为省农业厅副厅长、省农业科学院院长。

在本报《中国种业》《中外种业》的宣传配合下，屯玉种业董事长侯爱民体制改革全国领先，科技创新成果卓著，先后被评为"全国先进工作者""山西省突出贡献企业家"。

山东登海种业董事长李登海，原来是初中肄业的农村青年，起初在村农技队搞玉米高产试验，后来选育出紧凑型杂交玉米。我创办《中国种业》《中外种业》之后，对其跟踪报道、重点宣传长达20年。李登海相继获得的荣誉有"中国紧凑型杂交玉米之父""中国种业功勋人物""时代楷模"及全国人大农业委员会委员等。

有的媒体记者问李登海："十多年来您一直跟农民日报社的宋逊风合作、配合，您能不能也与我们合作啊？"李登海客气地回答说："宋逊风老师采访我和公司，能够实事求是地写出我们的心声……"

④一篇专访稿改变了国家的政策

2005年党中央、国务院颁布实施良种补贴政策，财政补贴的钱由中央下拨到省农业厅及市、县农业局，农业局又将款拨给局属的县种子公司。但是濒临倒闭的县种子公司收到种子补贴款后，发给农民的不是高产优质的好种子，而是一般种子甚至是积压多年的陈种子，农民种到地里既不增产也不增收，根本没有得到国家补贴的实惠。

我发现这个问题后，曾向农业部主管领导当面反映过，但是基层农业局照旧未改。

在2007年全国人大会议期间，我约访了全国人大代表、辽宁省丹东农业科学院玉米研究所所长何晶，她也向我反映这个问题。她说中央良种补贴政策很好，但是补贴款被截留不能到农民手里，农民不能直接得到政策实惠，党中央的实惠农民尝不到甜头，这个问题应该好好解决。

根据她反映的问题，我撰写了《良种补贴应公开公平公正——访全国人大代表、辽宁丹东农业科学院研究员何晶》。这篇报道见报后，引起了国务院副总理回良玉同志的重视，他责成农业部当年解决这个问题。这个问题很快解决了，财政补贴的钱"一竿子插到底"直接补到农民手里了。从那以后国家改变了过去逐级拨补贴款的方式，而是直接补到农户。

这篇访谈报道全文如下：

良种补贴应公开公平公正

——访全国人大代表、辽宁丹东农业科学院研究员何晶

在辽宁省代表团驻地，本报记者采访了全国人大代表、丹东农业科学院玉米研究所所长何晶研究员。她对记者说："会前，有许多农民、农村工作者及种子企业家向我反映良种补贴的问题和意见，并要求我一定把他们的意见带到这次全国人大会议上，以期得到彻底解决。"为此，她集中了一些基层意见，对良种补贴实施中存在的问题及其改进意见谈了看法：

国家从2005年开始实施了良种推广补贴政策，对我国的粮食增产、农民增收起到了积极的推动作用。但是，在良种推广补贴的实施过程中也出现了不少问题。

良种推广补贴实施中存在的主要问题是组织管理不力。有的省级农业主管部门组织管理不积极，不组织有关专家进行科学论证和评价，而是不负责地把任务直接分到县（市、区）。有些县（市、区）农业行政主管部门没有科学、公正、公平地处理这件事情，而是实行地方保护主义，暗箱操作，直接或变相地从中渔利，滋生腐败，在社会上产生了不良的影响。

品种确定不科学、不合理。有的县只补贴了一两个品种，而且不是目前生产上最好的品种，由于数量较大（有的占种植面积的1/3～1/2）、品种单一，势必造成潜在的隐患。有的县不是补贴优良品种，而是补贴种植多年、正在淘汰的老品种。去年春季辽宁省彰武县甚至把不合格的报废种子也实行了"补贴"卖给了农民。

上述问题干扰了种子市场正常秩序，种子企业损失惨重。近年来，我国良好的种子市场秩序逐渐形成。但种子补贴实施后，有的县（市、区）中标的种子企业要向农业主管部门上缴"管理费"，虽然种子卖出去了，但算起来并不挣钱。未中标企业的种子积压，多年培育的市场营销网络被打破，亏损严重，有的趋于倒闭。有些科技企业虽然品种好，由于活动少，没有与农业行政主管部门配合好，种子也卖不出去。好的科学技术和优良品种推不出去，严重影响了科学技术的推广普及。

农民买了不如意的种子受益不大。有的县（市、区）农业行政主管部门指定农民购买品种，违背了我国《种子法》有关"农民自行选购种子"的有关规定。农民买到的"良种"许多是加了价的种子，在价格上农民几乎不受益。农民买到的种子品种单一，影响了产量。农民买到的是不称心如意的老品种，甚至是淘汰的劣质种子，产量降低，挫伤了农民种粮的积极性。

为使党和国家的良种补贴政策贯彻落实好，让农民真能用上良种，真正得到补贴，得到实惠，我提出下面改进建议：

合理、公正地进行良种推广，把最好的品种介绍给广大农民，防止让退化、劣质、未审定的品种有可乘之机，坑农害民。建议由农业行政主管部门、农业技术推广部门、种子管理部门等有关人员，以及种子专家、农村基层干部代表和农民代表共同组成评审组，推选优良品种，以防止在良种补贴过程中滋生腐败。

把补贴款直接发放给农民，让广大农民自主选择称心如意的优良品种，防止过去良种补贴中出现的"种也得种，不种也得种"的现象。

种子管理部门和农业技术推广部门应组成专家组，对农民购种和生产进行技术指导，做到良种良法配套，因地制宜选用品种，实现丰产丰收。

建立监察责任制和追踪问效制。对于走后门、坑农害农、把补贴款挪作他用的现象要严肃处理，直至追究刑事责任。

2007年3月5日

在我创办的《中外种业》第100期的当天，农业部原部长杜青林同志亲自撰写了贺辞，在《农民日报》上发表，对《中外种业》予以充分的肯定和鼓励。

贺辞全文如下：

振兴民族种业　　促进国际交流

——祝贺农民日报《中外种业》出刊100期

欣闻《农民日报》的《中外种业》周刊已经办到了100期，对此，我表示衷心的祝贺！

种子乃一切生命之源，是最具生命力的特殊物质。"国以农为本，农以种为先。"种子是高科技的载体，是决定农产品的品质和数量的内因，关系到人民的生活质量、身体健康和生态环境的改善。从一定意义上讲，抓好了种子就是抓住了农业的根本。本世纪世界农业的竞争，首先是优良品种的竞争；农产品贸易大战，首先是种子大战。没有发达的种业，国家的粮食安全就难以保证，国民经济的发展及农民群众的增收就会受到制约。因此可以说，在国际农产品竞争中，谁掌握了优良品种，谁就掌握了主动权。

《中外种业》周刊创刊以来，想"三农"所想，急"三农"所急，供"三农"所需。认真宣传贯彻《种子法》及其配套法规，积极报道种子科研、生产、管理等方面的典型，探讨种业改革与发展的路子，及时提供市场信息和良种良法的服务，并在国际种业的交流上做了一些努力，在种业界和广大农民中产生了良好的影响。

但是，我们还必须看到，在国际经济一体化的环境下，我国的育种水平和农产品的竞争力与世界发达国家相比，仍有不小的差距。国际种业竞争激烈，我国农产品要增强国际竞争力，必须加强现代种业建设，加快种业的发展，加速构筑中国种业"航空母舰"，做大做强民族种业。

《中外种业》周刊的宣传使命任重而道远，希望"百尺竿头"，更进一步，为振兴民族种业，促进国际种业交流，加速我国农业和农村经济的发展，做出更大的贡献！

（杜青林同志于2012年任中共中央书记处书记，全国政协副主席、党组副书记）

2003年1月25日《中外种业》周刊第100期第1版的版面内容

十、标新立异，创造创新

一提到发明创造，人们大都会想到科学家。我们中国的科学家或院士都是在自然科学领域有发明创造的专家、教授。院士通常是指中国科学院院士或中国工程院院士。然而，在中国社会科学（包括文学、新闻学等学科）2006年以前从来没有评选过院士。中国社会科学院2006建立学部制度，而且也是仅限于面向中国社会科学院内部评选。在全国高校里的教授可以有中科院或工程院的院士称号，但绝不会有社科院的学部委员称号，因为他们没有参评院士的资格。这似乎认为社会科学（含文学、新闻学等学科）没有或缺乏发明创造。

其实不然，在社会科学领域里，马列主义、毛泽东思想是无产阶级革命和实践的科学理论。这是史无前例的人类思想的科学创造。斯大林对马克思主义作了精辟的论断："马克思主义是关于自然和社会的发展规律的科学，是关于被压迫和被剥削群众的革命的科学，是关于社会主义在一切国家中胜利的科学，是关于共产主义社会建设的科学。"刘少奇同志在《关于修改党章的报告》中对毛泽东思想做出了科学的、经得起历史检验的定义："毛泽东思想，就是马克思列宁主义的理论与中国革命的实践之统一的思想，就是中国的共产主义，中国的马克思主义。"

世界上由于科学建树获得诺贝尔奖的记者也不乏其例：2021年获得诺贝尔和平奖的菲律宾记者玛丽亚·雷沙和俄罗斯记者德米特里·穆拉托夫分别创办了新闻网站、《新报》，为言论自由而奋斗。

斯大林曾指出："为科学和技术开拓新道路的，有时并不是科学界的著名人物，而是科学界毫不知名的人物，平凡的人物，实践家，工作革新者。"

人民的记者接触人民、深入社会各阶层的机会比较多，虽然是"平凡的人物"，却也是"实践家，工作革新者"，所以理所当然地应该有所创造。

新闻记者的发明创造是通过采访和调查等接触社会的途径，首先提出之前未提出的问题，抽象、概括、标示出之前未出现的概念，创办出新的报刊。记者是靠语言文字和媒体进行创造的。

创造就是要解放思想，标新立异，乃至异想天开，而不拘泥于陈规旧律。在酝酿形成新设想、新概念的过程中要发挥创造性思维能力，想象、预测、直觉、感悟、灵感、激情等同创造密切相关。

著名作家孙犁对文化工作者说："艺术家的特异功能不在反映，而在创造。"新闻记者与艺术家所从事的精神劳动虽有不同的特点，但要在真实的基础上求新、求快、求效、求美，也需要创造性思维。

新闻记者的创造性主要体现在以下五个方面：

（1）能够看到一般人还没有看到的东西；
（2）能够想到一般人还没有想到的事；
（3）能够说出一般人还没有说出的话；
（4）能够揭示一般人还没有揭示的问题；
（5）能够提出个人特别独到的见解。

为了培养和提高创造性思维能力，应当从以下三个方面下功夫：

一是理性思维能力。爱因斯坦曾说："你能不能观察眼前的现象，取决于你运用什么样的理论。理论决定着你到底能观察到什么。"因为人们对客观事物的认识规律表明：感觉到的东西，我们不能立刻理解它；只有理解了的东西，才能更深刻地感觉它。要用科学的思维方式去认识客观世界，使思维更符合客观实际，更本质地反映实际。

二是分析事物内在关系，增强联想思维能力。世界上的任何事物都是互相联系着的，都不是孤立存在的，总是由多种层次、多个侧面相互交织的。运用联想思维有助于透过现象看到本质，有助于揭示某现象存在的深刻原因。

三是正确推测未来的思维能力，就是通过全面、深入的调查研究，根据事物的历史和现状，能够预测未来的发展趋势乃至可能出现的结果。

下面按照时间顺序，将我力所能及的有关创造创新的六个方面简要地总结一下。

第一，察顽疾，开猛药，创办《上送件》

1995年，我被调任农民日报社群工部主任之初，原来有《内部参考》和《群众来信摘编》两个内部刊物，其中的内容是反映各省（自治区、直辖市）、地（市）、县所存在的负面问题以及广大群众的困难、意见及呼声。发行的对象是所隶属的省（自治区、直辖市）、地（市）、县的党委和政府。

我对这两个内部刊物发行到一些地方以后当地党委和政府反映的态度、处理的结果及反馈的情况做了一番调查。我发现有些地方官僚主义作风的领导对我们的这两个刊物或视而不见，或置之不理，或能拖即拖，或得过且过，最终有反馈的和有处理结果的少之甚少。

针对这两个刊物下发而无反馈，或反馈甚少的问题，我分析了一下原因，认为其根源是对基层官僚主义作风的领导缺乏监督和整治。用老百姓的话说："自己的刀，削不了自己的把。"

为了解决这个问题，我创办了《上送件》。我选择一些本报《内部参考》和《群众来信摘编》刊登的群众反映强烈的，下发到当地党委和政府以及有关主管部门以后一直没有解决的，而且又事关全局的问题，刊登在《上送件》里，直送党中央和国务院领导，乃至直送总书记、总理同志，抄送所隶属的省（自治区、直辖市）党委书记、省长（自治区主席、直辖市市长）以及有关部委主要领导。

这个《上送件》起了大作用，收到了大效果。《上送件》直送党中央、国务院以后，有的党中央常委批示给有关省（自治区、直辖市）党委书记，有的国务院总理、副总理批示给有关省（自治区、直辖市）政府及有关部委的主要领导，广大群众反映的一些"老大难"的问题很快就迎刃而解了。《上送件》成为亿万农民向党中央和国务院反映情况、表达意愿的"直通快车道"。此《上送件》在新闻界是一个创造。

第二件：易字更名，首创"种业"概念

1996年初春，我到安徽省采访了解到：合肥丰乐种子公司生产、经营的西瓜种子占全国40%以上的市场，并开始筹备上市。采访期间，我对该公司经营项目进行了考察，该公司除了有育种田、种苗温室、种子检验室、种子加工车间，还有农药厂、化肥厂等。由此，我突发奇想：这诸多生产、经营项目，绝不仅是"种子公司"所能涵盖的，实际上，是一个与种子相关的产业。倘若上市的话，如果以"种子公司"来命名，那就太狭隘了。

在采访丰乐种子公司总经理张海银的交谈中，我建议张海银总经理利用这个契机把种子公司改为"种业"公司，扩大公司的经营范围。

张海银总经理听了我的建议后仔细琢磨，觉得我讲的很有道理，既是为他们公司扩大经营方面考虑，又是为种子产业未来的发展方向考虑。于是，张海银总经理高兴地采纳了我的建议，在申请上市的申报材料里正式命名为"合肥丰乐种业股份有限公司"。该公司于1997年4月22日以我为其命名的"合肥丰乐种业股份有限公司"在"深交所"隆重上市。

继那次采访后，我为张海银董事长写了一整版的长篇通讯，刊登在1997年6月24日的《农民日报》上，标题是《黄牛奉献丰乐种——中国种业功勋人物、中国种业第一股（合肥丰乐种业）创建者张海银纪事》。从此"种业"一词风靡全国种业界，全国各地的"种子公司"都纷纷更名或重新命名为"种业公司"。我首创的"种业"概念覆盖了全国种业市场，就连农村乡镇的种子商铺也挂上了"种业"的招牌。

第三件：变通途径，创办《中国种业》周刊

继我采访丰乐种业股份有限公司以后，我于1996年下半年，对种业市场、种业公司、种子科研单位及种业管理部门分别做了调研，了解到农业是国民经济的基础，而种业又是农业的基础，故种业是基础的基础。20世纪60年代，中央文件明确提出"种子第一，不可侵犯"。我国用占世界9％的耕地，养活占世界22％的人口，生产占世界25％的粮食，主要靠优良品种的培育和推广来实现。由此我认识到国以农为本，农以种为先。无种即无农，无农即亡国。

种子关系到民族命运、国家命运，极其重要，那么来对照一下国家的法律及管理部门在20世纪90年代的极不相称的状况：国家没有制定或出台种子法，种业无法可依。国家农业部也没有设立专门的种业管理机构，没有种子处、种子局、种子司。各县的种子公司由种子站官办，没有研发，半死不活地多年卖单一的种子。农业科研单位研究的新品种只管发论文，报成果，要经费，不管推广转化，也不转让给种企开发。

显然，法治、机制不仅不适应种业的发展，反而影响、制约甚至妨碍

种业的发展。然而，全国又没有一张种业的报纸，甚至连一块种业版面都没有。于是，我萌生了创办《中国种业报》的想法，试图利用种业报纸的正能量宣传、激励、推动种业的改革。

宋逊风撰写的《关于创办〈中国种业报〉的报告》第 1 页及时任
《农民日报》社社长孙永仁的批复

创办一份新报纸也不是一帆风顺的。1996年末，我在调查研究之后，给报社领导写了一份《关于创办〈中国种业报〉的报告》，社长未置可否，批示给班子成员，并召开了讨论会，会上大部分同志表示支持。当时，报社正闲置原《农村生活报》的刊号，本可以利用上。但社领导想交给别的编辑办什么《信息报》，结果筹备了几个月也没办成《信息报》，致使原刊号作废了。我申办《中国种业报》的请示报告，社领导一直拖到1998年年中也没有批准，还说"将来历史也许会证明我不批办《中国种业报》是错误的"。

此话说明，创办《中国种业报》，领导明知道对报社、对事业有利，也知道不批是错的，但只要个人不喜欢办此报，或者不喜欢申办人，便也会固执己见，一错到底。

普通记者要想搞出点创造，着实挺难的。也正是因为创造之路艰难，轻而易举不能出成果，或者短期不会有效益，涉足者甚少，无人可商量，往往都是个人行为，所以才称之为创造。

无奈之下，我决定创办《中国种业》周刊。当时，农业部党组成员、农业司司长崔世安同志对我特别赞同并积极支持我创办《中国种业》周刊。

创办周刊的招标条件是需要找到"金主"，为报社拉来50万元以上的赞助费。为了满足这个招标条件，我第一个去找的"金主"就是我曾采访报道过并为其命名的"合肥丰乐种业股份有限公司"的董事长张海银。可是事与愿违，我到该公司说明了欲创办《中国种业》周刊的意图后，等了三天，回复说：丰乐种业公司不予赞助。

到南方丰乐种业碰壁之后，我并没有灰心，而是"挥师北上"到沈阳找到东亚种子集团公司的董事长兼辽宁省种业管理局局长陶承光同志。我说明创办《中国种业》周刊的意图之后，陶董事长与我一拍即合，爽快地答应一次性赞助报社60万元。我体会到创造要创到点子上，"货卖用家"。

我回报社后很快就筹办就绪，于1998年8月28日正式出版《中国种业》周刊，由东亚种子集团公司独家赞助。当天，正值北京召开全国种子交易大会，丰乐种业公司新上任的董事长庞丽萍坐在我旁边，她看到我手中的《中国种业》周刊第1期的报纸的刊头下面"辽宁东亚种子集团公司协办"12个字，为《中国种业》周刊没能由他们丰乐公司独家协办感到很是惋惜。

我当场鼓励她："庞董事长，没关系，您要是同意协办的话，您公司可以加盟啊。"她表示同意加盟协办。

不久，庞丽萍董事长又来北京参加农业部举办的种业研讨会，我带去了《中国种业》周刊协办的协议书，在会议中间，她与我签署了赞助报社

50万元的协议书。

在"东亚"和"丰乐"这两个大的公司加盟协办《中国种业》周刊的影响带动下，全国50多家种业公司先后相继参加了协办。其中，有中国种子公司、北京种子公司、山东登海种业、山西屯玉种业、山西北方种业、隆平高科种业、北京德农种业、湖南亚华种业、湖北荃银种业、湖北惠华三农种业、安徽省种子公司、江苏明天种业、南京红太阳种业、深圳创世纪种业、河南秋乐种业、河南滑丰种业、甘肃金象种业、新疆康地种业、四川德农正成种业、辽宁丹玉种业、辽宁海禾种业、重庆中一种业、内蒙古大民种业、蒙丰种业、黑龙江宁安红城种业、河南农贝得农技公司等。

经过《中国种业》周刊持续不断的宣传、推广，这些加盟协办的种业公司逐渐发展壮大，大都被评为"中国种业100强"及"中国种业50强"企业。这些公司研发的新品种陆续推广到全国各地。

农业部也加大了抓种业的力度，相继建立了种子处、种子管理局、种业管理司。

第四件，灵感联想，创办《中外种业》

1999年3月1日，中央宣传部发文件决定从首届"全国百佳新闻工作者"中选派10名记者、编辑，组成"中国新闻代表团"于4月中旬出访美国。我有幸被选为"中国新闻代表团"成员。

此时正值我创办的《中国种业》周刊出版60期之际，我查阅了有关美国种业的资料得知，美国种业是全世界最发达的，有优良的粮食、果蔬等新品种，种子的科研、生产、加工都超级先进，其《联邦种子法》已有100多年的历史。鉴于此，我便突发奇想：这次赴美国访问，我要设法将美国种业拉入我的赞助圈，创办《中外种业》周刊。为此，我请东亚种子集团董事长陶承光帮我联系美国种子贸易协会主席与我在华盛顿约谈。

飞抵美国的第二天，我们"中国新闻代表团"的访问日程上午是华盛顿的白宫，下午是国会大厦，恰巧同美国种子贸易协会主席约谈的时间上午9点至10点相冲突。鱼和熊掌不可得兼，怎么办？我选择按时赴美国种子贸易协会会谈，因为此会谈仅此一次，违约失信将再无机会。那天我向团长请了假，代表团大轿车将我拉到纽约大道，我顺着大街按照阿拉伯数字的门牌号码找到了美国种子贸易协会的大厦。

美国种子贸易协会的工作日程都是提前一个月就安排就绪，没有特别情况一般是不更改的，时间既不会提前，也不能拖后。原定的9点至10点，早到也不开始，到点就结束走人。我提前30分钟进入该协会客厅，协会主席尚未露面，秘书送过来咖啡请我饮用，等待主席。

此刻，我脑子里在快速地思索：我用什么话能够说服对方，让美国赞助美元，创办《中外种业》？

我先抓住美国要想把他们的种子、设备等产品推销到中国来的迫切心理，然后强调需要先造舆论，而我们的周刊在中国是唯一、最佳、最直接的宣传平台。

问题是，这"最佳、最直接"两个"最"字用什么来证明？

我不停地搜索自己的记忆屏幕，忽然记起了日前乘坐报社轿车先往中南海送报纸，然后才送我去国际机场登机的事。由此，我的灵感袭来：本报每天都送给中共中央领导和国务院领导，这是"上通天"；同时发行到全国的省、市、县乡村，九亿农民都看，这叫"下连地"。

我想到这里，仿佛胸有成竹了。9点整，美国种子贸易协会副主席马克·康顿带领翻译接待我开始了会谈。我先谈了中国改革开放后种业发展的形势以及种子科研、生产和市场开放的情况，接着他介绍了美国种业的情况和优势。

谈到这时，马克·康顿看了一下表快到10点了，他的意思是准备结束会谈，他最后问我："还有什么要说的？"我赶紧把我刚才想好的"本报'上通天，下连地'"的话说给翻译，并让她马上翻译给康顿主席。翻译小姐翻译给康顿后，我看到康顿主席的眼睛一亮，面带微笑地对我说："不要着急，请您把您要创办《中外种业》的计划方案详细地介绍一下。"

我看马克·康顿主席对我要创办的《中外种业》"上通天，下连地"的话题产生了兴趣，于是我就将我办刊的构想方案详细地讲给他听。其中，主要是两点：一是把美国种业的优良品种、育种技术和先进经验介绍到中国，二是美国种子贸易协会赞助本报经费。他当场表示同意并邀请我下半年来美国采访各个跨国种子公司。就这样，会谈延长了2个小时圆满结束。

2000年马克·康顿来中国与我在中国大饭店共同签署了协办协议。于当年美国的赞助美元到账后，即出版了《中外种业》周刊。

2001年10月美国种子贸易协会又邀请我出席12月初在芝加哥举行的全

美洲种业大会。我应邀按时出席大会，并在大会新闻发布会上作了专题演讲，《中外种业》周刊也在全美洲种业大会会场赫然展出。

自1998年8月28日以来，我所创办的《中国种业》周刊共出版了61期。继而我所创办的《中外种业》周刊出版了566期。每年为报社创收150万元左右，其中最多年份达200多万元。

2003年1月25日，我创办《中外种业》周刊100期之际，农业部原部长杜青林同志（其后任中共中央书记处书记、全国政协副主席）亲自撰写文章刊登于本报表示祝贺。

2007年3月，时任国务院副总理回良玉同志曾将我写的文章《良种补贴应公开公平公正——访全国人大代表、辽宁丹东农业科学院研究员何晶》批示给农业部部长。农业部采纳了我文章的建议，当年即改革了良种贴补发放的政策，由原来农业局截留改为直接补给选购种子的农民。

第五件，情感激愤，首创"厚养薄葬"概念

1996年我时任农民日报社群工部主任，本部内分为编辑组和分稿组。每天全国各地来稿来信多达几大编织袋，经分稿组同志分拣后将有新闻价值的稿件和信件转交给编辑组编辑选编组版。编辑组和分稿组挑选完将认为没有新闻价值的稿件和信件一并扔到垃圾堆里。

6月1日那天，我到本部编辑室查阅被扔在垃圾堆里的读者来稿来信，在数百封来稿来信里发现一封来自江苏省睢宁县农村妇女史修云写给本报社的求救信。

信中说，平素她对父亲十分孝敬，为了照顾老父亲，她同丈夫特意搬到父亲家一起居住。后来父亲因病医治无效去世了。关于给父亲办理丧事的事情，史修云主张简办，因为老人已经故去，再大操大办，父亲也得不到，还增加家庭和社会不必要的负担。她的想法本来理所当然是正确的，可是却遭到亲属、村邻的打击围攻，甚至村干部也不支持她简办丧事的想法。在周围舆论的强大压力下，史修云有口难辩，求助无门，精神濒临崩溃，无奈之下，请人代书给本报写信呼吁求助。

我一口气读完这封信后，对打击围攻简办丧事的错误做法非常气愤，对史修云简办丧事的主张十分赞赏，特别同情她孤立无援的困境。出于对封建迷信的陈风旧俗的愤恨，对主张简办丧事、移风易俗正能量的支持情感，我连夜编辑了此信，满含同情和支持的倾向命题为《简办丧事反遭打击围攻　农家女投书本报讨公道》，一气呵成，并配写了质问式的评论《何为孝敬　何应谴责——"如何为'厚养薄葬'营造良好社会环境"讨论开篇话》。

《简办丧事反遭打击围攻，农家女投书本报讨公道》于6月3日《农民日报》头版头条见报。当天央视、央台全文转播，多家报刊转载，在全国引起了强烈的反响，下至普通农民，上至全国妇联主席、团中央书记、民政部部长、农业部部长及有关部委、各省（自治区、直辖市）的领导，中国社科院、高等院校的专家、学者纷纷发表文章参与本报历时4个月共刊发11期的大讨论。农村妇女史修云所在县的宣传部、妇女联合会、共青团委、民政局联合发文号召向史修云学习。

我首创的"厚养薄葬"的报道及讨论，受到中央宣传部、农业部的表扬，我采写的消息《简办丧事反遭打击围攻　农家女投书本报讨公道》、短评《何为孝敬　何立谴责——"如何为'原养薄葬'营造良好社会环境"讨论开篇话》及其引发的11期全国大讨论，被评为"中国新闻奖"，并列入当代新闻史的典型案例，编入新闻学院的教材。

第六件，探索践行，创新新闻写作法

在半个世纪的新闻写作生涯中，我边学习新闻理论和辩证唯物主义，边从事新闻采写，在理论与实践的结合过程中我对新闻的写作方法探索出三个方面的创新：一是超前性报道，二是新闻的矛盾式写作法，三是中国式新闻的四个 W。简述如下：

（1）超前性报道

我是针对新闻报道千篇一律、千人一面、人云亦云、马后放炮的重复式、迟到式的写作倾向，探索出并提出超前性报道的采写方法（详见我的论文《超前报道的认知与实践》，刊登于《新闻学论集》2015年第1期）。

我提出的超前性报道，是相对于事后报道而言的，是指对具有倾向性、趋势性、政策性、典型性、导向性的苗头事实，能够最早发现并最先刊发的报道。

超前性报道，应当具备内容超前、观点超前、时间超前的"三超前"特性。超前性报道，能够引起强烈反响，收到良好的社会效果，得到广大群众的认同或有关方面的肯定,能够起到兴利除弊、扬长避短、抑恶扬善、防患于未然、扬善于始然之作用,有助于弘扬正能量,规避负能量。超前性报道要求记者具有较强的政策性、新闻敏感性和预见性。

超前性报道主要分三大类:

第一类,典型性超前报道。具有时代精神引领作用并具有与众不同鲜明特性的事件或人物,能够被最早发现、最先刊发、颇具影响力的报道,可称之为典型性超前报道。

第二类,问题性超前报道。不论是正面宣扬的,还是负面曝光的,只要是在一定的时期从未发布过的具有倾向性、趋势性、方向性的新闻报道,即可称之为问题性超前报道。

第三类,政策性超前报道。能够走在党中央、国务院领导机关发布的政策之前,不谋而合地为国家政策提前造舆论;或者及时发现某项政策执行中的不足,而提早揭示出来,从而能够促进和推动政策改革的新闻报道,可称之为政策性超前报道。

对于人民的意愿与党中央、国务院政策法令之间的关系,我形象地用化学可逆反应的方程式表示如下:

人民意愿 ⇌ 政策法令

我设计的这个图示所表述的含义是:广大人民的意见和愿望决定着党中央、国务院将要研究制定的相应政策和法令;反过来,党中央、国务院所发布的政策和法令又完全反映广大人民的意见和愿望。

(2)新闻的矛盾式写作法

我通过学习唯物辩证法,尤其是研读毛泽东主席关于"事物矛盾的法则,即对立统一的法则,是自然和社会的根本法则,因而也是思维的根本法则",以及"一分为二""两分法"等创造性地发展了马列主义的唯物辩证法的观点,并结合新闻采写实践总结出"新闻的矛盾式写作法"(详见我的论文《新闻的矛盾式写作法》,刊登于《新闻春秋》2017年第4期)。

我所提出的新闻的矛盾式写作法,即是运用矛盾的观点发现、剖析、采访、撰写新闻报道的方法。简言之,要以矛盾的视角采访调查事件或人物,以矛盾的主线谋篇布局,以矛盾的笔法遣词行文。

记者面对缤纷复杂的事物或人物，要想采访到真正的事实，就需要透过表面的现象去挖掘其内在的本质真相，去伪存真；否则，就会被表象所蒙蔽，失之毫厘，谬以千里，写出的报道也是失真的误导。

记者要想做到快速超前报道，就需要高度的新闻敏感。记者的新闻敏感就要靠历史的眼光、发展的观点、全局的意识来综合、分析、判断所采访调查的事件是否具有新闻价值，这样才能抓得准，写得快。

记者要写出简要的报道，就不能面面俱到、眉毛胡子一把抓，就需要过滤采访对象的素材，去粗取精，抓住主要矛盾，然后还要在主要矛盾中找出矛盾的主要方面，而这个主要矛盾的主要方面才是需要重点报道的本质性的主题。围绕此主题内容浓墨重彩，其余的部分即可简而略之。如此处理素材，既能够突出主题，又能够呈现简要的效果。

诸如此类采访、选材、写作过程中均需要运用矛盾式写作法。

为了简洁明了地理解和运用矛盾式写作法，我设计了下面的模式：

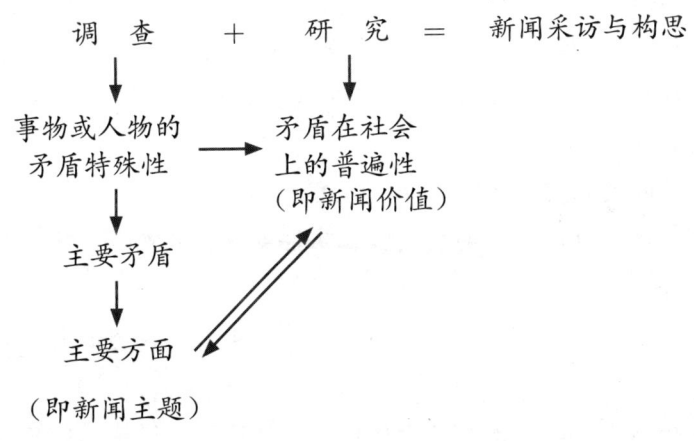

关于矛盾式写作法，我概括了以下三个方面：

第一，透视现象背后的本质，掘取矛盾性题材。遇到新闻事件，首先透视现象背后的本质，然后将其置于社会大环境中剖析有无矛盾的普遍性，如果二者皆具，即可确认是具有新闻价值的矛盾性新闻。

第二，采用矛盾对立式的标题，凸显矛盾性的主题。矛盾性的主题确立之后，抓取事件中的核心矛盾拟作标题，既概括了事件，又蕴含着主题，要求标题既凝练又聚焦。

第三，围绕主要矛盾及其主要方面谋篇布局。找出事件的主要矛盾，以此作为谋篇布局的主线；找出矛盾的主要方面，以此作为安排结构和段落的主体。主线要体现主体，主体要贯串主线。

（3）中国式新闻的四个W

自中学尤其是大学以来通过读古代散文，研究古代文法，结合后来的新闻写作实践，我逐渐体悟出：我们中国传统的文章结构章法——"起承转合"的章法完全适用于新闻写作的程式，不仅适用于新闻消息、通讯，还适用于评论。只不过各种新闻文体在"起承转合"的程式中像中药方剂似的有加有减而已。对此，我给起了个名字，称之为"中国式新闻的四个W"，或曰"中国特色新闻体的四个W"。

西方关于新闻的五个W，最早是由美联社总编辑梅尔维尔·E.斯通于1889年提出来的。1945年12月13日延安《解放日报》曾发表社论《从五个W说起》，文中指出"新闻五要素在写作中如何交代，并没有一定的程式"。

我国关于新闻的程式，一直沿用效仿梅尔维尔·E.斯通提出来的"五个W"，而没有自己的新闻程式。然而，这"五个W"仅仅适用于新闻消息，至于通讯、特写、调查、评论等新闻体裁就难以套用了。

我说的中国式的新闻四个W，可以适用于消息、通讯、特写、调查、评论等大部分体裁。

譬如，新闻消息的"起承转合"程式：

起，即起笔，开门见山地写出什么事件或什么人物，简单概括其什么情况或怎么样。

承，即承接，接续起笔的内容写出事件发生或人物出现的背景，包括时间、缘由。

转，即转入事件的发生发展的过程或人物成长的经历。可顺转，即按时间顺叙；也可逆转，即逆时间倒叙；还可中转，即在顺叙或倒叙中间插叙。

合，即总结、综合全篇，写出结局或趋向，亦可融入记者议论的观点。

我将"起承转合"的程式运用到新闻写作中，感觉非常形象、直观、简洁，而且逻辑性很强，完全可以灵活、变通应用到诸多新闻文体中，同时也可以在新闻写作的实践中将中国特色的新闻程式发扬光大。

十一、深入基层识真相，身临其境融情景

以上讲的都是有关新闻写作方面所遵循的规律、思维的方法及写作的技巧。

下面谈一下新闻采访的方式、方法。

首先说说采访对于新闻写作的至关重要性。采访决定写作，这是由辩证唯物主义的基本规律决定的。根据辩证唯物主义的基本规律，存在是第一性的，意识是第二性的；存在决定意识，意识反映存在。客观事实是第一性的，新闻报道是第二性的；事实在先，新闻在后，新闻报道是客观事实的反映。采访是调查了解客观事实，写作是反映再现客观事实。

采访是写作的前提，写作是采访的成果。采访有深度，写作则有深度；采访有广度，写作则有广度。采访对写作起决定性作用。从这个意义上讲，**采访是写作之母**，没有成功的采访，就不会有成功的新闻写作。

新闻采访，说到底是什么？

新闻采访，说到底即是马克思主义认识论的认识过程。

毛泽东主席1964年在给刘少奇的信中说，马克思主义认识论"简单地说，就是从群众中来，到群众中去"。毛主席在《关于领导方法的若干问题》一文中具体解释说："在我党的一切实际工作中，凡属正确的领导，必须是从群众中来，到群众中去。这就是说，将群众的意见（分散的无系统的意见）集中起来（经过研究，化为集中的系统的意见），又到群众中去作宣传解释，化为群众的意见，使群众坚持下去，见之于行动，并在群众行动中考验这些意见是否正确。"采访是为写作搜集事实，着重解决新闻如何从群众中来、从实际中来的问题；写作则是将采访搜集来的事实用文字加以表现，着重解决新闻如何到群众中去、到实际中去的问题。

采访的路线是什么？

党报的记者、人民的新闻记者的采访路线即是群众路线，这是新闻采访唯一的根本路线。因为"人民，只有人民，才是创造世界历史的动力"。人民记者的初心和使命，就是忠实地记录、生动地反映人民群众改造自然、改造社会、创造新时代、书写新历史。人民群众是历史的创造者，是社会的推动者，是国家的主人，当然是新闻的主体。

采访走群众路线，就是采访的主体对象要放在人民群众身上，主要反映人民群众的生产斗争、经济活动、文化生活等，推动和促进全社会的物质文明建设和精神文明建设。

采访走群众路线，怎么走法？

毛泽东主席指出："报纸工作人员为了教育群众，首先要向群众学习。"记者采访从认识论的角度来理解，属于认识的初级阶段——感性认识阶段，而新闻写作是在采访来的感性材料的基础上进一步分析、整理、加工、提炼，形成概念和判断，即上升到理性认识阶段。记者远不如当地的群众及长期做群众工作的工作人员对本地的实际情况了解得那样透彻、那样准确；所以，采访走群众路线的首要的一步，就是应当"向群众学习"，向当地的群众请教、咨询、调查。这是快速、便捷、真实地了解事实的途径。

恰如《吕氏春秋·疑似》中所说："入于泽而问牧童，入于水而问渔师，奚故也？其知之审也。"

群众是新闻的源泉，记者最基本的素质培养和锻炼，就是培养和锻炼群众观点。切忌当"报阀"，不能像官僚视察基层那样摆架子、打官腔，更不能像"公检法"那样审问式问话；而要像小学生一样诚诚恳恳地虚心求教似的谈话。

采访要持什么态度？

记者采访一定要有科学的态度、实事求是的态度。不要怕听不同的意见，也不要怕事实推翻了自己原来的判断，更不能带着框子下去采访，不要将谈话视为套取素材、寻找例子。以自己原定的想法为标准，合乎的便留之，不合乎的则弃之，这是先入为主的主观主义的采访方式，违反马克思主义的认识论，是典型的唯心主义的错误做法。

要持同志式的平等态度，进行讨论、商量、探讨。为了弄清事实、搞清事物的真相和规律，采访要过细，对关键的问题、关键的细节要一步一步地追问，探索，"顺藤摸瓜"，把事情追问透彻，材料掌握全面，细节了解清楚。

细节最好在记者脑子里形成画面。细节材料相当于电影的特写镜头，在新闻通讯里具有强化、突出主题的作用。

采访怎样才能深入？

必须做到"四要"：

第一，要"泛中求深"。为了"深"，首先要"泛"。深度与广度是对立统一的，采访越广泛，深入越有基础。深，就是要从表面现象探究到深层背景、缘由、结果及事实的真相、本质。泛，就是要不仅了解事物的现在，还要了解其过去和未来发展趋势；不仅要了解事件或人物本身，还要了解周边的环境和有关的人群。

第二，要善于选择典型，包括典型地区、典型单位、典型事例、典型人物。因为典型虽然是个别的，但是代表一般的，其个性含有共性，具有普遍意义。深入一个典型，便可举一反三，犹如"窥豹一斑"，反映整体性质。

要正确理解全局与典型的辩证关系，掌握了全局，才能明确报道思想，进而才能发现符合全局需要的典型事例；报道了典型，便会影响全局。如果没有全局观点，就没有发现新闻和取舍材料的标准，也就寻找不到真正的典型。如果没有典型，就没有体现主题的扎实而有分量的素材，从这个意义上亦可以说就没有好的新闻报道，乃至不会影响全局，也不会解决社会问题。

第三，要深入基层，身临其境。古人云："涉浅水者见虾，其颇深者察鱼鳖，其尤甚者观蛟龙。足行迹殊，故所见之物异也。"

记者到哪里算是深入到基层了？中央新闻单位的记者从北京到省城，再到县里，可以说是到了基层了。这要比只待在北京，或者停留在省城，算是进了一步，但是，不能说这就是深入了。若一直到乡镇乃至村屯或厂矿企业车间去采访，可以说比较深入了。

然而，即使到村屯或厂矿企业车间了，也不能算是深入到基层了。我所说的基层，指的是最底层的工人、农民、士兵、职员、师生及科技人员等普通群众。因为，只有底层的普通群众的所思、所想、所盼、所求，才是党中央和各级政府急需了解和解决的问题，也是各项政策的出发点和落脚点。这是新闻的党性与人民性的一致性所要求的。二者关系如下图所示：

群众意愿呼声　　国家政策法令
（人民性）　　　　　　　（党性）

中国共产党岳阳县委员会

农民日报社孙永仁社长、张德修总编：

感谢贵报长期以来对我县工作的支持，特别是最近派宋逊风主任来岳阳县调查、采访，对推动我县以后工作起了很大的鞭策和促进作用。

《农民日报》以其生动、实用而深受广大农民的欢迎，对1999年《农民日报》的发行，我们县委、县政府顺应农民群众的要求，将加大征订力度。具体措施是：由县财政拿出专款，为全县639个村每村订一份《农民日报》；再发动乡镇和农口单位利用公私费两种途径广泛征订，全县订数保证700份，争取1000份。

我县是农业大县，我们的工作离不开贵报的关心和支持。因此，我们冒昧请求贵报责成宋逊风主任把岳阳县作为新闻报道的联系点和重点县，以期在新闻舆论的支持和监督下使我们的工作跃上新的台阶。

以此函为凭，敬请二位领导据此检查我们《农民日报》的发行工作。

编安！

谨祝

中共岳阳县委书记：
岳阳县人民政府县长：

1998年5月20日

中共岳阳县委致函农民日报社领导

（中共岳阳县委书记和岳阳县县长联名签字致信农民日报社的领导，表扬宋逊风到岳阳县采访调查起到正能量的促进作用，并请求报社责成宋逊风将岳阳县定为联系点，欢迎他不定期地来县指导工作。书记与县长共同表示主动协助报社做好《农民日报》的发行工作）

记者要身临其境，细心观察。记者身临现场进行观察，有以下3个方面的益处：

（1）常言道"眼见为实"，采访不仅要问、听、记，更要"看"，这样才可以确保新闻的真实性和准确性。

（2）通过现场观察，可以发现许多意想不到的情节和细节，使新闻的内容更加充实丰满、形象生动。

（3）身临其境，既可以使记者获得真情实感，还可以借助现场的情景、氛围及活动，拓展联想，发表议论，抒发感情。采访身临其境方能使记者激发出情感，升华出道理，从而使新闻写作景中有情，情中有理，做到"景、情、理"三者有机地融为一体。

第四，要用心思考。有一句格言："只有你的眼睛看见东西，那是不会发现什么的，还要你的心能思考才行。"

思考什么？边采访，边思考：哪些事件、情节、谈话有新闻价值？哪些素材能够体现主题、表现事物的本质、展示思想精神？这就需要记者具有敏锐的新闻敏感和政治洞察力，进行快速思考和选择，然后抓住重点不放松，"打破砂锅问到底"。

因为有价值的新闻素材，往往宛如电光石火。只有敏感性和洞察力强的记者，在它一闪的瞬间才能及时捕捉住它；而后再去粗取精，加工提炼，使其具有久远的思想意义和广泛的社会意义。

例如20世纪80年代末，我曾深入扑火现场，目睹解放军奋勇救火的同时发现火场的负面怪相，在"评功追责"会场我提出"颠倒的钱口袋"的问题，为盟林业局讨了公道，并发表通讯《颠倒的钱口袋》，揭示"重救火轻防火"的问题，国家有关部门予以重视并改正。

在1989年初春内蒙古自治区兴安盟的草原大火发生后，为了捕捉救火的真实情景，我第一时间直奔第一线的火场。正由于我身临其境才发现了防火投资的误区：国家林业部门平时防火不肯投资，发生火灾救火时无限制地撒钱。内蒙古自治区兴安盟林业局因上级主管部门拨发的防火设施经费不足，无钱修路，载有救火人员的卡车在25公里的泥泞、坎坷土路上竟然行驶了11个小时，致使小火燃成大火，小灾酿成大灾。

1989年初春宋逊风在内蒙古自治区兴安盟草原大火现场采访，被武警战士从烟海中救出后与武警军车合影

在当时当地国家林业部门领导主持的"评功追责"现场会上，讨论来讨论去，会场出现了上级主管部门拟对盟林业局追责处罚的意向。在这种紧张的气氛下，我举手发了言。

根据我亲历踏勘的泥泞、坎坷的土路和采访了解到的上级主管部门对防火设施投资短缺的真实情况，我在现场会上直截了当地指出："上级主管部门'重救火轻防火'，不应往下追责。如果要追究责任的话，应当追究上级主管部门的责任。"

我的发言得到了中共兴安盟委、盟政府领导的支持和与会者的普遍赞同，我获得了会场的掌声。最终，兴安盟林业局未被处罚，躲过了一劫。

对此，我采写发表了一篇通讯《颠倒的钱口袋》，引起了各级林业部门的高度重视，及时采取措施予以纠正。

同时，在救火现场采访中，我还发现了以下的负面思想、道德上的缺失问题：

（1）部队首长在做扑火动员时，有的新战士由于受社会上"金钱挂帅"的思想影响而提出："扑灭这火，发给多少钱？"

（2）在给救火人员送饭途中，饭店老板伸手截留了前线急需的部分馒头，还理直气壮地说："拿点就拿点呗。"

（3）军车无油战士不能起程，席地夜宿，等待后方补给汽油。结果连夜送来的汽油被别人劫走。

之所以能够发现一般人难以发现的问题，我注意做到以下4点：

（1）采访要全面，切忌片面，不能浅尝辄止

为此，记者要把马克思主义辩证法的基本原理运用到采访调研中，要全面掌握两方面的基本内容：一是事物（或者问题）的历史、现状及未来，也就是事情的来龙去脉；二是事物的内部联系、外部联系，以及相互关联、相互依存、相互制约的关系。

在采访中必须注意听取各方面的意见，特别是听取对立双方的意见，切莫只听一家之言。为此，记者要了解全面的、总的情况。记者到一个单位采访，找最高负责人谈，确实必要。可是，要了解具体情节和数据，还是需要找具体相关当事人、办事人员。记者采访水平的高低，主要在于是否弄到确实可靠的事实材料，而不在于能跟哪一级的领导人谈话。

（2）要眼睛向下，吃透小局

上面与下面、大局与小局，都是辩证的统一体。眼睛越向下，就越能与上面相结合，越能了解到符合客观实际的情况。大局总是由小局组成的，吃不透小局就吃不透大局。越是深入小局，就越能了解大局。只有眼睛向下，吃透小局，才能及时发现基层存在的问题，才能真正弄清楚群众的意见、要求、愿望及呼声，才能如实地反映给党中央、国务院及有关部委、省市区。记者及新闻单位只有这样做，才能真正起到党和政府联系群众的桥梁作用，才可以称得上党的耳目喉舌。

（3）深入底层采访要侧重"四抓"

一抓思想。要善于通过社会生活中的诸多现象，细心了解干部和群众当前的思想动向及工作中的思想问题，要了解群众当前在想什么，有哪些要求和意见，对党的方针政策有些什么想法和看法。

二抓矛盾。在现实生活和实际工作中，各种各样矛盾的发生、发展及解决，往往集中地反映着各方面工作和社会生活中的问题。记者必须抓住这些矛盾，才能深刻地反映出工作和实际生活复杂而丰富的发展过程，及时地提出问题，解决问题，进而改善群众生活，改进工作方法，改革政策法规，促进事业发展。

三抓苗头。抓苗头，就是要善于抓取萌芽状态的新生事物。

四抓典型。常言道"榜样的力量是无穷的",典型最有说服力,因此要"解剖麻雀"。典型,既包括先进典型,也包括一般典型及反面典型。解剖有代表性的典型,可以掌握一般的规律,从而更深刻、更细致地理解问题的实质。

(4) 要争做"战地记者",要做"有心人"

要到现场采访,争取做一名"战地记者";也就是"与采访对象为伍",成为"编外的战士"。新闻记者不能等到人家打了胜仗,再去采访战斗的场景;不然,报道很难再现激烈的场面,记者也难有真情实感。等到战斗结束,时过境迁,再去抓战时指战员的动作表情及思想活动,很难捕捉到生动而鲜活的镜头。

我赶到兴安盟草原大火发生地后,一直跟随着武警战士和扑火林工进行现场采访,不是"客座记者",而是身在其中以笔作为武器的一名战斗成员。

所以,我能在扑火现场听其言,观其行,亲眼看到他们奋不顾身扑火的英勇身姿,也听到了刚入伍的个别人"讨价还价"的负面话。还了解到因为送往山上的汽油中途被人偷走,致使救火的军车在山上"趴窝"不能启动,昼夜奋战的战士只能席地而睡。

我在去扑火现场的路上还发现,扑火战士饥肠辘辘,盼望送饭的汽车司机早点把饭送上山。可是,司机为了讨好路边饭店的老板,故意停车,主动打招呼,把车上雪白的馒头送给饭店老板一大塑料袋子。

在前往火灾现场时,我没有让兴安盟专门安排采访车,而是主动要求与扑火林工一起乘车前往。也正因为乘坐救火汽车,才亲身经历了沼泽地、坎坷路,仅仅25公里救火汽车行驶了11个小时。我亲耳聆听到扑火林工说:"汽车在这路上左摇右晃,我们叫这条路为'迪斯科路'。修路上头不给钱,救火满地大撒钱。上面的钱口袋平常没火灾时口朝上,系得紧紧的,防火不愿意投资;等到一旦发生火灾了,上面的钱口袋立马口朝下大撒钱,不限制,底漏和浪费也没人管。"

下面是我被武警战士从兴安盟草原大火的烟海里救出后写成的通讯:

颠倒的钱口袋

——兴安盟草原扑火纪实

我一踏上内蒙古科尔沁草原大火灾的现场,焦急的心仿佛被一只无形的手揪住了,昼夜没有闭合的双眼也骤然异常地明亮——眼前的肃杀氛围使我惊愕茫然。

近处,没有熊熊的烈火;远处,也没有滚滚的浓烟。山下的残枝败叶化作了一片黑褐色的死灰,好像刚烧过冥纸的簇簇残迹;山上的白桦银白的树干焦叶飘零,酷似迎风招展的灵头幡,默默无声地指向清明节的蓝天。

漫山遍野的静寂,黑灰白树的反差,不禁使我暗自发问:

焦土上的白桦树啊,你这不会说话的大自然生灵,你是在为殉难火海的森林家族肃然而悼,还是在为赴汤蹈火的人间救星慕然而敬,还是因为有难言的苦衷默然而立?

维系人心的链条

3月30日3点30分,地处大兴安岭南麓的内蒙古自治区兴安盟科右前旗蛤蟆沟,浓烟滚滚,火光冲天,继大兴安岭特大森林火灾之后,一场特大草原火灾在这里发生。

五岔沟林业局的500名林工立即奔赴火场,奋力跟踪,扑打了一天两夜。火势虽然有所减弱,但因风大6级,火借风势像一条火红的巨龙顺着山坡爬向山顶,跃过山梁漫延开去,已经发展到难以控制的严峻情势。偌大的国有森林面临着严重的威胁。

距离火场仅有5公里的索伦扑火前线指挥部里,空气异常凝重。兴安盟盟委书记张佐才在屋里踱来踱去,香烟一支接着一支地吸,思忖着与总指挥孟特副盟长、驻军某部参谋长刘玉玺和林业处魏守立等同志察看火情商定的扑火作战方案:西攻东守,全面合围,关门打火,决不让一点火星迸进到大兴安岭国有林区,重演大兴安岭特大森林火灾的历史悲剧。

从本盟的局部来看,要连绵烧出190公里的防火道,需要付出巨大的牺牲,但从国家的全局来看是铺设了一道天然屏障,可以确保大兴安岭国有林区万无一失。张佐才同志像背负着两座山——一座是兴安盟,一座是大兴安岭，心情十分沉重。这位两鬓霜染的党的中级领导干部当然懂得局部利益服从全局利益的党的基本原则，可是，在这举足轻重的关键时刻还是难以下定最后的决心。

"丁零丁零"电话响起了急促的铃声，张佐才以为又是报告新的火情的电话，心情更加紧张。他屏住了呼吸，拿起了话筒。

"兴安盟扑火前线指挥部吗？"

"是啊，我是张佐才。"

"我是高德占，你们辛苦了，佐才同志！"

"啊，高部长呀！"

"是呀，我在牙克石护林防火现场会给你打电话。"

"啊，高部长您有什么指示？"

"不是我指示，是中央领导十分重视。告诉你们一个好消息，中央领导同志亲自询问火情，田纪云副总理曾多次指示扑火战役。"

"是吗？请高部长转告中央领导，我们兴安盟全体人民感谢党中央、国务院领导对我们的关怀！我们决心千方百计，不遗余力，坚决彻底地尽快扑灭这场草原大火，坚决保住大兴安岭！"

"是啊，你们的想法完全对头，这次扑火总的指导思想就是为了保住大兴安岭。你们可以根据实际情况确定扑火方案。"

话筒放下了，张佐才悬着的那颗沉重的心也放松下来。他点上了一支香烟，深深地吸了一口，又舒缓地吐出了烟雾，然后镇定自若地对"前指"全体同志说："同志们，党中央特别关心我们，也十分相信我们完全可以就地战胜这场火灾。林业部和自治区党委、政府领导不仅同意我们的作战方案，而且还允许我们根据实际情况做决策。下面就看大家的啦！我认为，每个前指领导成员可以根据你所负责的火区具体情况随时做决定，决不能贻误战机。"

坐在一旁的总指挥孟特听了盟委书记张佐才的讲话，心里热乎乎的，就像寒冬腊月喝了一碗热姜汤，驱散了陈年的"政治风寒"。他油然想起了不寒而栗的往事：

有一次也是扑火，上峰说一就不许他二，如越雷池一步，有功也是过，无过也有过，就像做小媳妇的在独断专横的婆婆面前，左也不是，右也不妥，神经绷得比琴弦还紧，哪里还敢什么"具体情况随时做决定"，更不敢发挥创造了。

今天，孟特才真正体会到了，领导的信任比什么都重要。只有充分信任，才有大胆的放手，才能激发每一个指挥成员的积极性。

信任的链条，使前线指挥部的领导成员心心相印，凝聚成一个统一的领导核心，在各条扑火战线跳动着坚强有力的脉搏。

西线战区，原计划是借公路的天然屏障沿路点火烧出防火道，铺设隔离区，防止中心火头向大兴安岭国有林场蔓延。孟特到达公路后，对当地的地形地貌进行了详细的勘察。他发现在公路东侧有一些民居和牧业作业点。如果按原计划点火，势必给群众造成较大的损失。孟特根据中心火头的行进速度判断，对面的山火尚不能很快扩展过来。于是，他义无反顾地决定：防火道东移，在远离民居、牧业作业点的山脚下点火开烧。

一声令下，仅用一个半小时就把长达6公里的防火道顺畅开通，抢在了大火到来之前，使农牧民免遭了一场倾家荡产的浩劫。原来捏着一把汗怕大火临头的农牧民倚门凭窗，遥望着远处的大火在刚刚烧出的防火道上火灭烟消，热泪盈眶，感恩激动地说："共产党不管什么时候都保护咱老百姓的利益啊！"

人虽有情，烈火无情。将军坝东山的三个火头，像三头惊狮，张着血盆大口向南扑来。索伦牧场莫德特莫农牧民随时有被吞噬的危险。18户农牧民顿时乱作一团。吴玉春老大娘正搂着儿媳在炕上哭天喊地："我的儿呀，你上哪去了？南山那100多头牛可咋救啊？！"

"嘀嘀！嘀嘀！"驻军某部李守发副师长率部赶到了莫德特莫山村，像旋风一样奔赴火场。李守发副师长带领作训参谋魏在全立即勘察地形、火情，下达了堵截火头的战斗命令。队伍霎时骚动起来，几个新兵窃窃私语："扑打火头不那么容易，打下这仗能给多少钱？"

李守发副师长听到这番耳语，脸色阴沉，内疚心痛：没想到社会上"向钱看"的思想居然污染了身着绿色军装的战士的心灵，平素思想政治工作的薄弱在救火如救命的战场上曝光。他清醒地意识到，这场思想上的攻坚战要比火场上的攻坚战更为艰难。李守发的眼睛湿润了，流出了难言的热泪。这泪水不是对烈火的畏惧，而是对个别战士思想状况的痛楚。

火势逼人，刻不容缓。他言简意赅地做了政治动员之后，以其高声亮嗓命令："共产党员出列！排以上干部出列！举起右手跟我宣誓——为保护大兴安岭,保卫人民生命财产安全,为人民军队争光,上刀山下火海在所不辞!"

庄严的誓言,语重情长,像潺潺的沿凌水淌进年轻战士的心田,抚慰着社会带来的创伤,战士们争先恐后地向副师长请战。

"跟我冲!"李守发一声令下,第一个冲进铁水涌流般的火海。接着,37名党员、干部一个接一个冲上去。火舌燎破了李守发的脖颈,他全然不顾;浓烟熏倒了李守发,他挣扎着爬起来再上。在李守发的影响带动下,党员、干部个个率先垂范,战士们争先恐后奋勇参战。没有工具就用双手薅草,硬是将一条百米长的防火道铺在脚下。经过半个多小时的浴火奋战,猖獗一时的火魔终于被英勇的将士们降伏成一片灰烬。

嘹亮的军号在将军坝吹响,漫过山岗,回荡峡谷,飘向平川,响彻农牧民的土屋毡房,报告人民军队扑火坚守战的重大胜利,向人们高奏"榜样力量""思想攻坚"的最强音。这也昭示人们:在社会主义市场经济时期,思想政治工作并没有过时,越是有艰难险阻,越是要靠思想,靠精神,这是颠扑不破的真理。

现代原始生活

4月5日中午,我乘坐的吉普车行驶在坎坷泥泞的蛤蟆沟。几个扑火的年轻林工拖着疲惫不堪的身体摇摇晃晃地迎面走了过来。同车的五岔沟林业局的马顾问让车停下,问他们:"到哪去?"领头的说:"我们去领馒头、咸菜。"

从车窗看去,我惊呆了——这哪里像是林业工人?简直像是烧炭的,污首垢面,衣服褴褛。我情不自禁地问候了一句:"你们辛苦了!"领头的小伙子却轻松而明快地回答:"啥辛苦不辛苦,就那么回事呗!"

"就哪么回事?"我思索着,疑惑不解,如坠云烟。车又继续前行。

温煦的太阳羞涩地躲进了云层,颠簸的汽车绕过了一道又一道山梁,驶进了林业工人刚刚开辟的防火过道。马顾问用手指着前面的人告诉我:"那位就是我们林业局党委书记兼局长林青同志。"

我凝神看去,在我瞳眸的屏幕上显现出一位意想不到的局党委书记兼局长的明晰形象:不是西服笔挺,满面红光,腴胸隆腹,而是穿着一件褪色的中山装，刮开的口袋上挂着几根枯草，满脸黑灰，满眼血丝，满嘴血泡。

林青同志滚热有力的手握着我，目不转睛地看着我，半天没有说话。不过，我从他那握手的力度，似乎也已体察出他与林工"摸爬滚打"五个昼夜，却依然精力未减，意志未衰。然而，从那只粗大的手异常的热度，我已明显觉察出他这个铁人已由于山火的灼烫、寒夜的侵袭而发烧。我不禁脱口而出："林书记，你着凉感冒了，休息一下吧。"

"休息一下？"几个林工异口同声地拦过话头对我说，"我们林书记自从30日上山扑火五天五夜都没睡过一个囫囵觉，好几次困得说着话说着就睡着了。"

我仔细端详着那几位年轻的林工，不禁愕然不已：那乌黑的小脸，除去明亮转动的眼睛，俨然浑圆的大煤球；那破烂的衣衫，若无袒露的胳膊，酷似扯碎的雨伞。从那黑得发亮的脸色，我依稀看到他们不顾烟熏火燎奋勇扑火的情景；从那残破不堪的衣衫，我仿佛望见火光中他们披荆斩棘的身影。

3月30日下午，火龙临头，火浪压顶。西口林场的小马毫不犹豫地撑起自己的棉袄，一跃而起，像猛虎扑食似的迎火头，冲火浪，奋不顾身地扑了下去。着火点被扑熄灭了，小马的一头乌发被火焰燎掉，满头剩下焦黄的头发茬；他那件崭新的棉袄被火舌舐出一个个黑洞，宛如绽开的一朵朵黑牡丹花。

清理火场之夜，星星点点的余烬残火辉映着夜空的繁星。扑火的林工无处取水，无奈之下便把体内几近干枯的尿液浇注到残余的火星上。一堆堆干燥的畜粪是火场"顽固不化"、死灰复燃的隐患。没有箩筐，林工便用饮水的茶缸、盛饭的饭盒装粪，将畜粪埋进洼地的土坑。

我问林工："为什么不惜一切地扑火救灾？"他们几乎不假思索回答："祖祖辈辈留下的这片山林，我们要是保护不住，子孙后代都将没有生活的饭碗。"

哦！听了这质朴而真实的话语，我才恍然大悟，林工的掏心话顿时帮我解答了先头我遇到的林工所说的"啥辛苦不辛苦，就那么回事呗"所包含的人类生存的真谛。

我良久地沉思，心中油然而生敬意。抬头仰视那火烧迹地上的棵棵白桦，蓦然觉得白桦树不正是这些林工的化身吗！他们祖祖辈辈咬定青山不放松，绿化苍山野岭，保护家园沃土，不畏风吹雨打，不惧酷暑严寒，尽职尽责地挺立于天地之间。

在吃晚饭的时候，我看到一个个扑火的林业工人从铁桶里拿出冰凉的馍馍，抓起一个咸菜疙瘩，左右开弓，一边啃一口，在雪白的馍馍上留下一个又一个血红的唇印。那可不是女子的口红印，而是他们被火燎烟熏嘴唇干裂渗出的血迹。干馍馍、咸菜疙瘩实在难以下咽，他们就跑到小河沟痛饮一顿獐狍野鹿喝剩下的污水。

还有的扑火林工抱来一捆又一捆荒草，堆积到山坡的白桦树下，准备做铺盖挨过零下十几度的寒夜……

当我离开他们"天当房，地当床"的驻地，月牙儿已经升上了夜空，簇簇篝火辉映着天上的繁星。望着围坐在篝火四周取暖林工的背影，我回味着他们吃的、穿的、铺的、盖的，心中升起疑团：在奔现代化的今天，怎么会有如此"原始式"的生活？

深夜，我回到住处。兴安盟公安处侦破小组的警察也刚刚从现场归来与我同室。于是，我趁机采访，询问该处处长：究竟是什么原因酿成这起草原特大火灾？他直言不讳地告诉我："这场大火是外来本地拣鹿角违法狩猎的一伙人生活跑火造成的。"

啊！我如梦初醒：这就是殃及180多平方公里的草原特大火灾的失火原因。公安处长破案的结论，在我心中浮现出一架社会法庭的天平，悄然左右摇晃、上下不停地称量着此次特大草原火灾前因和后果的分量，刻度盘上仿佛显示这样几个令人惊愕的数据：

1个人的饱暖引来20000人的饥寒；

1个人的私富造成1000000人的灾难；

1个人中饱私囊遗祸千秋万代！

这个不平衡的数据，难道不值得人们反思吗？

走如此损人利己的"先富起来"之路，难道不应当即刻悬崖勒马吗？

如今社会上类似"违法狩猎"的"官倒"、"私倒"或"官私合倒"损公肥私的勾当，何尝不是在为社会的青山绿林埋下一颗颗祸国殃民的罪恶火种！

火光中的阴影

4月5日凌晨,为了尽快赶赴扑火前沿,我下了火车就搭上了五岔沟林业局送给养的大卡车。

大卡车在沙石公路上疾驶。因为扑火封山,山路上无人无车,分外清静,唯有我乘坐的这辆卡车。卡车一路畅通无阻,不时地惊飞草丛里的野鸡,吓跑路边的獐狍,它们径直奔向深山密林。

忽然,前方出现一个横杆拦住了去路。路边的小屋里走出来一个中年汉子,满脸堆笑地打着招呼:"上山呀,到屋里喝口水吧!"

主人的盛情使我早就渴得冒烟的嗓子更加难忍,我便不客气地进到屋内饱饮了一顿。这时,传来司机的声音:"老伙计,你不拿点儿馒头吗?"

主人回答说:"拿点儿?拿点儿就拿点儿吧。"当我走出里屋的时候,正碰上主人端着冒尖的一搪瓷盆白面馒头笑嘻嘻地走进来。

事后,经了解我才知道那个屋子里的主人本不属于供给养的人员之列,而是"野猫偷嘴"。

4月8日傍晚,我跟随兴安盟森林警察支队同车前往突泉县宝石乡扑救草原火灾现场采访。

次日,火灭烟消,朝霞腾起,乡政府大院分外宁静。

50名森警战士席地而睡,橘红色的救火服映衬着油污浑儿画的小脸儿,在熹微的晨光下浮现出勃勃朝气。有的手里还紧握着风力灭火器,有的嘴里还喊着"冲啊"的口号,有的脸上还挂着一丝胜利的微笑——俨然偌大的黄土地上森林卫士的巨幅彩绘。

这些还有几分稚气的年轻战士在政委和参谋长的率领下同火魔拼搏了一个昼夜,终于与当地农牧民一起将187.5平方公里的草原大火扑灭了。

正值森警凯旋之际,他们发现一行三台的汽车油耗殆尽,无油补充,不能返程。

焦急的森警大队长向乡长请求加油。

乡长理直气壮地说:"昨天夜里已经把汽油送上山去了,不知被谁给弄走了,我也没有办法了!"

诸如此类偷油、窃馍之事不能不令人发指:在扑火前线,成千上万的军、警、民,都为保卫国家和人民的森林草原而夜以继日地浴火奋战,居然还有人在光天化日之下窃夺他们的口中食，竟然有人在黑暗的角落里偷吮扑火汽车的血液。

如此损公肥私、损人利己的行径，已经达到"趁火打劫""无孔不入"的恶劣程度。

五岔沟路边检查站的主人一语道破"天机"——"拿点儿就拿点儿吧"。这些人在规章制度不严、法制不健全的历史条件下，习惯于"拿点儿就拿点儿"，天不知，地不晓，人不究，法不惩。火线上暴露的"底漏"，岂不是对不健全的法规和官僚主义作风强烈的讥讽吗？

扑火的群众正在山上饥肠辘辘，截吞馒头者焉能咽下？扑火森警为了等候外调汽油困倦不堪，席地而睡，夜偷油者岂能安寝？

人性和良心安在？难道也被大火烧成死灰了？！

在扑火前线采访中，我还亲眼见到一种令人奇怪的现象。

五岔沟林业局接到蛤蟆沟起火的火警那一刻，立即组织林工登上卡车急奔火场。在短短25公里的道路上，布满了沼泽、坎坷。司机告诉我这叫"迪斯科路"。尽管汽车加到最大油门，挂到最高挡，"哼哼"猛叫，行速仍缓慢如牛，左摇右摆如同跳迪斯科舞。25公里的"迪斯科路"竟然行驶了11个小时。如此"牛速度"，怎能不使小火酿成大火，大火灾变成特大火灾？

对如此防火重地的恶劣道路，我感到惊诧，不得不请教当地群众是何道理。

许多林工对我说："上边平素钱口袋朝上，扎得紧紧的，不肯投资搞防火必备的建设；着火时钱口袋就朝下大撒口，要多少给多少，难免有'底漏'。"

还有些农民说得更形象："这叫舍得买高价的棺材，舍不得买平价的药。"

对此，我更加费解：上上下下、年年月月，言必称"预防为主"，可是，在资金投放上为什么不以预防为主？难道是"叶公好龙"？这不是将钱口袋颠倒了吗？

前年大兴安岭森林特大火灾的扑火损耗数目惊人，这次兴安盟草原大火灾并没有汲取教训，仅扑火费用就花掉82万元。

如若把这笔资金提前拨给五岔沟林业局的话，完全可以改善通往起火点的"迪斯科路"。林工也不至于眼看着火越着越大，心急似火，却望火兴叹，而不能及时赶去扑火。

道理就是这样浅显易懂，就连我们的农民都能讲给新闻记者听，可是，为什么就不能把不该颠倒的钱袋，再重新颠倒过来呢？

倘若追根溯源，大凡是体制的不适应。如此看来，要调正钱袋，首要的是尽快调正不合理的体制。不然，钱袋仍然照旧颠倒，"预防为主"势必流于文件、口号的形式。如若再发生火灾，像蛤蟆沟"迪斯科路"那样的地方，（救火人员）只能心急如焚，望火兴叹矣！

兴安盟科尔沁草原特大火灾扑灭了。人们从白桦树下黑灰的火场撤下来的冷静之余，似乎可以听到"迪斯科路"仍在呼唤……

1989年4月于乌兰浩特

（作者注：《颠倒的钱口袋》是在《农民日报》见报的标题，1990年5月原稿全文收入我的由浩然作序、高狄题字的第二部通讯专著《青纱帐的明星》，出版时的标题为《焦土上的白桦》。2022年8月《首都文学》全文刊发。）

浩然谈记者的采访作风

——摘自浩然为宋逊风所著《青纱帐的明星》的书序

现在的中国，报刊太多太多，所以记者也就太多太多。我就接触过很多（记者）。在众多的新闻记者中，真正有本事而又不断自我修养提高本事的，真正了解社会而又自觉投身到群众中间调查、研究社会的，真正有美好追求而又一步一个脚印努力进取的，起码我就很少见到。住在高级招待所，把想要写的人物召来随意扯谈一通，或把所要写的事情从现成的文件材料上摘抄几段，然后就敷衍、拼凑成篇，见诸报端。即使这般如此，还要盲目地自高自大摆架子，以"特殊地位"吓唬人。有个较为普遍的现象让我一直百思不得其解：为什么我们有些有职有权的人，那么"怕"新闻记者？有人害怕新闻记者，是因为有的新闻记者只满足于别人"诚惶诚恐"，不要求别人对自己真心欢迎、尊重和爱戴。这极不正常，也有害于事业，更有害于新闻记者本身。有一个严酷的现实证明我那番很可能让人讨厌的话并非完全偏执和荒谬：如今的新闻记者如此之多，而为广大读者所熟知和称道的名记者，几乎稀罕得如同凤毛麟角。

宋逊风应该属于我所接触到的新闻记者中间出类拔萃的那一种。因为逊风具备当一名有真才实学、对社会有积极作用有广泛影响的新闻记者所具备的宏图大志和扎实素质。这看法的确凿根据，不仅在于他曾经从逆境中有信心、有勇气地站立起来，奋斗出成绩，更在于他不为其取了地位、职称和出版了著作等等标志着功成名就的现状所满足所陶醉，依然保持着他以往的信心和勇气，没有停顿在写作道路上开拓进取的脚步——这本《青纱帐的明星》就是他留在身后的一串结实的足迹，同时也展示着他明亮的前途。

我在一篇短文里写过这样一些话："作家一辈子都难得消闲和宁静，他们总是忙忙碌碌的追赶者。……凡是真正的作家，不属于戴着作家头衔的政客、投机商和'混子'，他们在赶路的时候，都无不例外地有着自己明确、崇高的追求目标：到达一定的目的地，再在前方树起一个标志，继续地追赶……"逊风正是这样一位报告文学作家、新闻记者。

1990年3月26日三河县泥土巢

北京作家协会主席、著名作家浩然（右）在三河县（今三河市）他家"泥土巢"与宋逊风合影

十二、新闻面前均平等，勇为人先抢新闻

我所说的"新闻面前均平等"，是指在寻觅或者遇到新闻素材或者采访高级领导的时候，对于记者或业余新闻通讯员，不分哪级的新闻单位，也不分专业的还是业余的采写者，都是平等的，没有高低级别之分。我下面要谈的是采写者对待新闻素材以及采访对象应该持有平等心态去抢抓新闻素材，坦然自若地面对采访对象。

为何我要特别提出"新闻面前均平等"的问题？

这是因为我国新闻界存在着中央级、省级、地级、县（市）级四个级别的新闻单位，而在同一级的新闻单位中又分正部、副部，正局、副局，正地、副地，正县、副县等诸多层次的级别。

而在这高低层次不等的新闻单位里又分高级记者、主任记者、记者、见习记者四个等级的职称。

当面对诸多高低不等级别的新闻单位及职称不同的记者在同时或在同地采访，作为年轻的记者或基层新闻通讯员**应当抱以何种心态去采访？**

可能有的不知所措，有的畏缩不前，有的亦步亦趋，有的人云亦云。出现这些状况并不奇怪，这是没有经验而被传统的等级观念影响所致。

这种往往容易产生的窘态，是记者采访工作的一个大忌。倘若这种心态不解除，就会妨碍顺利采访，甚至会影响采访中的正常发挥。

那么，应当如何去化解这种不利于采访的心理阴影呢？

首先需要弄明白：新闻到底是什么？

关于这个问题的答案，新闻学院毕业的记者会脱口而出：新闻是新近发生的事实的报道。

那么，新闻素材即是新近发生的事实。

英国有句谚语说得好："事实是顽强的东西，不管你愿意不愿意，你都得

重视事实。"

斯大林曾论述："既然自然界、存在、物质世界是第一性的，而意识、思维是第二性的，是派生的；既然物质世界是不依赖于人们意识而存在的客观实在，而意识是这一客观实在的反映，那么由此应该得出结论：社会的物质生活、社会的存在，也是第一性的，而社会的精神生活是第二性的，是派生的；社会的物质生活是不依赖于人们意志而存在的客观实在，而社会的精神生活是这一客观实在的反映，是存在的反映。"

这个新闻素材是客观存在的事实，属于"自然界、存在、物质世界是第一性的"，属于"社会的物质生活、社会的存在，也是第一性的"，而不是哪个高级记者头脑中所固有的，更不是哪个级别的新闻单位所独有的，应该说是全中国、全世界共有的。换言之，任何记者乃至业余新闻通讯员都有权挖掘和选取任何新闻素材。既然如此，那么又何惧什么高级别的新闻单位及高级记者呢？如果记者明了以上所说的新闻素材具有客观存在的公共、共有的属性，那么笼罩在内心的拘谨阴影便会烟消云散了，从而增强采访的自信心，增进抢抓新闻的勇气。

倘若形象化地类比一下，可能对新闻素材的公共性、共有性的理解会更加深刻。还记得我上面讲的新闻散文化所提供的获得中央人民广播电台《各地电台编排的节目》单项奖的通讯《来自人参故乡的报告》吧？

我在这篇通讯里描写了四位农民进山采挖山参的经历：耿立新一行四人，翻山越岭进入大黑山的原始森林。他们寻找了半个多月也没见到野山参的影子。一直到最后要离开的那天，他们才发现了一棵野山参。经过两天两夜小心翼翼地挖掘，近一斤重的特大野山参才露出了真身。他们送到政府部门收购了，政府送进了北京人民大会堂。当地政府按价给耿立新等四位农民应得的报酬。

这个大黑山的原始森林里蕴藏着珍贵的野山参，可是谁也没发现过，更没有挖掘过。这山中的野山参就是天然的、公共的宝藏，谁发现、谁挖掘出来就属于谁。

同样的道理，人类社会或自然界，每时每刻都蕴藏着新闻素材，就像那棵野山参似的，客观存在于大黑山的原始森林里，是公共的，谁发现、谁挖掘出来就归谁。新闻素材也是公共的，不是某个新闻单位或某个记者所私有的，谁发现、发掘出来就由谁使用，就由谁采写成新闻作品。

既然如此，年轻记者、业余的基层新闻通讯员，面对新闻素材不仅不该望而却步，反而理应"抢先一步""当仁不让"，第一时间前去采访，获取第一手素材，以最快的速度、最好的质量完成新闻作品。

再一个问题：**如何面对高层领导采访？**

为什么提这个问题呢？

因为年轻的记者采访高层领导人，往往容易拘束，放不开，深入不下去，影响采访效果。

如何解决这个问题呢？其实，这是一个认识问题，究其原因是如何正确认识高层领导的问题。那么，怎样认识高层领导呢？

毛泽东主席早在《一九四五年的任务》一文中就明确指出："我们一切工作干部，不论职务高低，都是人民的勤务员，我们所做的一切，都是为人民服务，我们有些什么不好的东西舍不得丢掉呢？"继而，毛主席在《第七届中央委员会的选举方针》一文中强调："群众是从实践中来选择他们的领导工具、他们的领导者。被选的人，如果自以为了不得，不是自觉地作工具，而以为'我是何等人物'！那就错了。我们党要使人民胜利，就要当工具，自觉地当工具。各个中央委员，各个领导机关都要有这样的认识。"1958年1月，毛主席在《工作方法六十条（草案）》一文中再次指出："人们的工作有所不同，职务有所不同，但是任何人不论官有多大，在人民中间都要以一个普通劳动者的姿态出现。决不许可摆架子。一定要打掉官风。"

毛主席上述三段论述对高层领导的定义，已经讲得再清楚不过了：高层领导及一切干部都是人民的"勤务员"，都是人民的"工具"，都是同人民一样的"普通劳动者"，没有任何例外。

进而，就要问一下：我们记者是什么？那当然包括在毛主席所说的"一切工作干部"之中了，记者也是"普通劳动者"，是人民的"勤务员""工具"。所不同的——我们记者既是人民的工具，也是党的工具，还是沟通党和群众联系的桥梁、纽带。

由此可证，任何高层领导与新闻记者都是平等的，只是"工作有所不同，职务有所不同"。

既然如此，那么去采访高层领导就不应该有什么拘束，更不应有半点紧张，应当抱以坦然自若的正常心态。

我曾采访过高层领导，有省委书记、省长、部长及中央有关领导等。

不论采访何等高层领导，我都秉持着平静的心态。我心里总是这样想：你有你的领导工作，我来采访你也是我的本职工作，你安排时间接受我的采访是你配合我的工作，也是为你所负责的方面、部门或单位赢得一次宣传报道的机会。你我是在做一项志同道合的互动协作，并不是我来求助于你；配合采访也是你分内的工作，并不是额外的负担。

我秉持这种心态，高层领导便跟我平等相待，平起平坐，交谈互动，畅所欲言，时不时地我问他答，乃至刨根问底，穷追不舍，直至采访结束。我想问的都问了，他想说的也都说了，达到了双方满意。这样的采访往往事半功倍。

上述的面对新闻素材和高层领导采访的心态端正了，思想放开了，采访也就水到渠成了。

下面要说的是要有勇为人先抢新闻的精神，为此要做到以下三点：

第一，要善于发现、勇于触及现实生活中的重大矛盾。

即使这现实中的矛盾暂时还没有人敢说，没有人敢碰，勇于担当的记者也要敢于抢抓这个包含重大矛盾的新闻，借此新闻报道促进重大矛盾的解决。

第二，要想抢抓新闻还需要有一副政治敏感的"放大镜"。

对所见所闻不是孤立地、就事论事地观察和思考，而是跟国家的政治、经济、社会生活联系起来，把日常生活中遇到的一些琐事放在这副"放大镜"下面，观察、思考其内在的活动因素对整个国家机体是有正面的还是负面的影响，进而做出正确的判断，得出科学的结论。这个观察、思考、联系、判断、结论的过程，离不开政治敏感的"放大镜"。

第三，记者还要有一台党和国家的大政方针的"显微镜"。

"显微镜"，用以审视局部地区或有关部门的决定是否同中央的大政方针保持一致。凭借中央的大政方针的"显微镜"来透视局部部门、局部地区决策、行为和做法与中央是相符还是相悖。

下面列举我所发表的报道实例：

前面提到的吉林省委书记高狄下乡调查发现检察院以"投机倒把"罪名抓了粮食购销专业户。这个事件涉及粮食购销法规、"投机倒把"的量刑定罪的标准。还有个养禽专业户因当年农村受灾而致使经营亏损，欠外债难还，工商部门予以吊销营业执照的处罚。以上既包含法律法规，又有工商条例等复杂的行规。

当时，我担任农民日报社驻吉林省记者站站长，《吉林日报》未予报道，《人民日报》驻吉林省记者站未予报道，《经济日报》未予报道，新华通讯社驻吉林分社未予报道，其余中央驻省的记者站和省内外的报刊也均未报道。

如果中央新闻单位按照级别排序的话，应该如下：新华社、人民日报社、中央人民广播电台（电视台）、经济日报社、光明日报社、科技日报社、农民日报社、工人日报社……

农民日报社排在七八位。但是面对新闻题材的抢抓采访报道，是人人平等的，不论报社和记者级别高低，也不论新闻单位排名先后。

面对这个棘手的新闻素材我采访不采访？报道不报道？如何报道？

我的态度是实事求是，客观采访，不受行规的影响。我以党的十一届三中全会以来的大政方针来鉴别是非，权衡对错，因为党中央制定的大政方针管着下面的公检法机关的法规，也制约着工商部门的条例。

由此，我毅然决然地做出判断：检察院和工商局对待农民专业户的做法完全违背党中央十一届三中全会以来鼓励和保护农民专业户发展粮食生产和畜牧生产积极性的方针政策。

鉴于此，我拟定了新闻报道的标题《保持政策的稳定性，维护农民合法权益》。

我采写的这篇报道见报的当天，中宣部部长就召集中央所有报纸、期刊、央视央台全体领导听取中共中央农村政策研究室主任杜润生作关于农村改革的报告。杜主任手里拿着当天的《农民日报》说："先请大家看一下今天刊登在《农民日报》头版头条的宋逊风记者写的报道，题目是《保持政策的稳定性，维护农民合法权益》，这就是当前农村改革的形势和主要任务。"

接着，新华社总编辑从杜主任手里接过报纸说："好！我拿回去发新华社通稿。"

在中宣部召开的全体中央报、刊、台主要领导大会上我受到中央有关领导表扬的事实证明，我敢为人先抢抓的这条新闻命题正确，时效性强，切中当时农村改革的关键，在全国新闻界和广大农村起到了弘扬正能量的作用。

事后，中共吉林省委书记高狄同志（其后担任人民日报社社长）对我评价说："在中央驻省记者中，宋逊风同志是最善于努力争取的。"这是高狄书记对我勇为人先抢抓新闻的鼓励。

宋逊风在人民大会堂采访重要活动

十三、研读马列著作、毛泽东著作，瞻仰革命圣地

在新闻采写实际工作中，时常遇到下面的情况：

几个新闻单位的记者同时参加一项活动，或者同去一个地方采访一件事、一个人，有的记者看问题肤浅片面，写出的稿件就事论事、平庸无奇；有的记者看问题深刻，见人之所未见，写出的报道言人之所未言，既有精神高度，又有思想深度。

究其根本原因，前者理论水平低，后者理论水平高。

若用数学的术语来形容，即记者的马列主义、毛泽东思想水平与新闻写作水平之间成正比。记者写作水平的高低、优劣，最终决定于自己的马列主义毛泽东思想水平。没有正确的立场、观点、方法，鉴别事物就没有标准，分析问题就没有武器，坚持正确意见就缺乏胆识。

所以要从根本上提高新闻写作水平，在学习新闻学和采写方法的同时要研读一些马列著作和毛泽东著作，学习马列著作、毛泽东著作将受用整个新闻采写生涯。

马克思、恩格斯、列宁、斯大林、毛泽东皆是无产阶级报刊的创始人及新闻学大师。马克思自己创办的报刊有《莱茵报》《前进报》《德意志－布鲁塞尔报》《新莱茵报》《人民报》。毛泽东年轻时就创办了《湘江评论》，到达瑞金、延安及至新中国成立后，为《红旗日报》《红色中华》《新华日报》《人民日报》《红旗》杂志等报刊亲自撰写社论、评论文章、新闻报道等重要稿件。

记者学习马列著作、毛泽东著作除了读一些有关"新闻宣传及新闻写作"方面的论述，还要研读一些他们亲自撰写的新闻经典作品，从中不仅能够学到他们的新闻理论，还可以汲取他们的写作方法。其中，特别要学

习和掌握唯物辩证法和认识论。

关于唯物辩证法，1937年毛泽东把马列主义的十几个规律创造性地简化为一个规律，即"对立统一规律"。1963年以后毛主席又将对立统一规律形象地概括为"一分为二"。毛泽东主席集马列主义唯物辩证法之大成，创造性地、精辟形象地、一言以蔽之地论道："任何社会，任何事物都是一分为二的。""世界上无论什么事物，总是一分为二。"若用这个"一分为二"的观点指导新闻采写，就会起到"纲举目张"的奇效。

如果能够深刻理解"一分为二"的内涵和外延，并运用其观点发现新闻素材，分析内在的矛盾及外部的联系，确定新闻价值，就会采访得全面，分析得透彻，主题升华得恰当，报道就会精辟而有影响力。

关于对唯物辩证法的学习，我始于大学的哲学课。那时候为了应对考试，有些关键的经典论述我都能够熟记于心，起初感到枯燥乏味，后来经过反复体会其字义、背景并联系实际，便觉得内涵深刻而有现实指导作用。大学毕业几年后调到省广播电台，我开始有意识地研读马列著作、毛泽东著作有关唯物辩证法的论述。调到农民日报社以后，我就比较自觉地将唯物辩证法运用到新闻采写实践中，并总结出"新闻的矛盾式写作法"。

宋逊风（左一）组织校报编辑一起学习理论著作

我切实体会到了唯物辩证法对新闻采写的指导作用。到现在我的案头还摆放着马列著作和毛泽东著作关于唯物辩证法的论著以及《联共（布）中央直属高级党校新闻班讲义汇编》等，以备随时复阅。

半个世纪的新闻采写生涯，我还亲身体验到瞻仰革命圣地对于不忘初心、牢记使命，当好党的喉舌，做好人民的代言人有着重要意义，尤其是对青年记者更有裨益，使之知道：革命之路从哪里来？胜利是怎么得来的？将来要往哪里去？应当怎样不辜负伟大领袖、革命前辈的初心和交给我们的使命？

常言道："百闻不如一见。"对中国革命圣地，去瞻仰与不去瞻仰，迥然不同：不到韶山、长沙，就不了解毛主席青年时代立志"改造中国、改造社会"的远大抱负；不登井冈山山峰，就不懂得"枪杆子里面出政权""武装割据""农村包围城市，最后夺取城市"的中国革命必由之路的伟大创举；不登遵义城头，就不知晓长征初期由于毛主席的英明指挥开始了夺取胜利的伟大转折；不观"四渡赤水"的战场，就不理解毛主席神奇战略的"得意之笔"；不入延安窑洞，就体会不到艰苦奋斗的精神及坚持抗战的斗志；不走进西柏坡，就难以想见运筹于帷幄之中、决胜于千里之外的"三大战役"。总之，身临其境方能感悟革命的艰苦卓绝，尤能感受伟人的思想和先辈的传统。

下面是我到革命圣地受到领袖事迹的启迪、革命传统的教育、艰苦奋斗精神的熏陶，从而思想感情升华所撰写并发表的部分散文。

日出东方红

古往今来，有多少文人墨客不远万里，到泰山看日出景观。他们看到了些什么？他们又得到了些什么？无非是几首诗词歌赋而已。日复一日，年复一年，太阳一次又一次地升起，然而，人民大众依然饥寒交迫，陷于水深火热之深渊，呼天不应，叫地不灵，即使烧香祭天拜日也无济于事……

伴着地球的自转，地球围绕着太阳旋转到1893年，人民劳苦大众才真正看到"日出"。这就是我要写的"日出"，这就是我要赞美的"太阳"在世界的东方，亦在中国人民和世界人民的心坎上升起。

曾记得，1966年我从北国春城跋山涉水奔赴韶山，瞻仰太阳升起的地方。茅屋土舍背靠韶山，山虽不高，却阳光普照华夏。房前荷塘，水虽不深，却滋润神州大地。1893年12月26日，毛泽东在此诞生。从那以后，亿万人民才真正见到了太阳，正如长城内外、大江南北处处咏唱的："东方红，太阳升，中国出了个毛泽东，他为人民谋幸福，他是人民的大救星。"

自从1921年7月1日诞生了中国共产党，传播了马列主义，产生了毛泽东思想，有如旭日东升，人民看到了光明，革命有了正确的方向，国家有了复兴的希望。在毛泽东思想光辉照耀下，中国共产党领导全国人民推翻了"三座大山"，成立了中华人民共和国，开创了社会主义革命和社会主义现代化建设，取得了"当惊世界殊"的辉煌成就。中国人民站起来了，我们伟大的祖国如顶天立地的巨人屹立在世界东方。恰如那富有意境的诗句"日从韶山出，日出东方红"。这是何等雄伟壮观的"日出"啊！

（原载于1970年1月1日《春城日报》）

幸福的会见，巨大的鼓舞

我一来到祖国首都北京，想见毛主席的夙愿，就像烈火一样在胸中燃烧。见到毛主席，这是我去北京最大的心愿。

8月31日清早，我从住宿的北京师范大学的广播里，听到了下午国家领导人要接见外地学生的消息。我高兴得从床上蹦了起来，打心眼里感到无比幸运。可是，能不能见到毛主席呢？同学们都不约而同地互相询问和猜想。有的同学说："毛主席最关心我们青年一代，一定会接见我们的。"还有的同学说："毛主席肩负中国和世界革命的重任，工作非常忙，恐怕不一定亲自接见我们。"我们这样猜测着，争论着，大家都有一个共同的心愿：我能看见毛主席，那该多好啊！

当天下午3点左右，我们结队来到了天安门广场。天安门城楼穿上了节日的盛装，广场上红旗招展，人山人海，一片欢庆景象。我怀着兴奋和渴望的心情，等待着党和国家领导人的到来。

下午4点左右的时候，天安门东侧骤然响起了一片"毛主席万岁"的欢呼声。霎时间，欢呼声响遍了整个广场，像东风鼓浪，像春雷滚动，人的海洋也沸腾起来了。接着一辆崭新的敞篷吉普车徐徐开来，车中央站着敬爱的领袖毛主席，正像海轮上的舵手，巍然屹立。毛主席啊！正是您，操纵着中国革命和世界革命的巨轮，朝着美好的未来奋勇前进；正是您，领导着全国人民进行着史无前例的社会主义革命和建设。当毛主席来到西华表的时候，同学们情不自禁地像潮水一样，涌向了毛主席的汽车，不断地高呼："毛主席万岁！"我紧贴在他老人家的车旁，目不转睛地仰望着毛主席的面容，是那样地慈祥，那样地健康，红光满面，神采奕奕。毛主席的车在我身边停留三十余分钟，当时，一股幸福的暖流从我的身上流过，我激动得流出了热泪。毛主席乘坐的汽车载着我们热烈的目光和欢呼声，又转向了东侧。我恋恋不舍地目送着毛主席高大的身影，仿佛毛主席根本没有离去。是的，毛主席永远也不会离开我们，他是我们心中永远不落的红太阳。

在那以后的几天里，我一直沉浸在万分兴奋和无限幸福之中。我逢人便讲的第一句话就是："我见到毛主席了！"

8月31日这天，是我一生中最难忘的一天，最幸福、最荣幸的一天。我现在虽然离开了伟大祖国的首都，但是敬爱的伟大领袖毛主席的光辉形象，将永远刻在我的心上。

我决不辜负党中央和毛主席的关怀和期望，一定要听毛主席的话，关心国家大事，学好为人民服务的本领，为伟大的祖国贡献自己的力量。

（原载于1966年9月6日《吉林日报》）

翠竹青青

我爱翠竹，她青青的干，青青的枝，青青的叶，一身青春的色彩；她节节向上，枝枝向上，叶叶向阳，充满青春的活力。翠竹生机勃勃的性格，翠竹奋发向上的精神，多么像我们党朝气蓬勃的年轻一代啊！

记得，那是在上大学的时候，我登上井冈山峰巅。举目望去，只见山坡上一片竹林青翠碧绿。一株株翠竹在阳光的照耀下，更显得生机勃勃，焕发着向上的活力。一位老红军战士把我们领到竹林边，给我们讲述了一个令人永生难忘的故事：在当年反"围剿"斗争的艰苦岁月里，一位年轻的共产党员，为了掩护群众转移，只身战斗在这片竹林，顽强地阻击敌人。当群众转危为安的时候，这位可亲可敬的共产党员，却献出了自己年轻的生命。她青春的热血洒在这片葱绿的竹林中，浇灌了刚刚破土的春笋。群众含着热泪把这位年轻的共产党员埋葬在这片竹林中。每当又有一批先锋战士加入了中国共产党，当地党支部就在这里举行宣誓仪式；每当又有一批觉醒的工农拿起武器，就在这里重温烈士的遗志。就是这样，那片竹林成了革命斗争的课堂，翠竹成了当地党组织进行革命传统教育的好教材。可恨的是，混进革命队伍中的叛徒向敌人告了密。国民党反动派砍倒了这片翠竹，残杀了一批英勇的革命战士。可是群众又在这里栽上了竹笋，又一片竹林成长起来，又一批新党员、新战士诞生了！国民党反动派砍了三四次青竹，这里新栽的青竹却越来越多；国民党反动派杀害了数百名共产党员，这里的无产阶级新鲜血液却越来越旺盛。竹林砍不光，她在风雨中不断成长；共产党员杀不绝，他们在斗争中越战越强。国民党反动军队却被红军战士打得落花流水！

听了这感人肺腑的故事，我对翠竹的敬意油然而生。这不仅因为翠竹的枝干里饱含着年轻共产党员的碧血，还因为这翠竹是斗争的结晶，是我们党在斗争中不断成长壮大、不断吸收新鲜血液的象征。井冈山的翠竹，在斗争中更加生机勃勃；我们伟大、光荣、正确的中国共产党，在同国内外反动派的殊死斗争中，在同资产阶级的多次较量中，更加兴旺发达，更加朝气蓬勃。

打那以后，翠竹的形象在我的心田里深深地扎下根。当我离开革命摇篮井冈山的时候，挖了一棵刚刚拔节的嫩竹带了回来，栽到了家乡的黄土地上。每当看到这翠竹，我就想起了那位年轻的共产党员，就想起了那片生机盎然的竹林，就想起了在斗争中成长的一批又一批无产阶级革命战士，我就更加热爱眼前的翠竹。她坚定我的意志，她振奋我的精神，她激励我在党的正确领导下，不停地学习，不懈地努力。

翠竹伴我一道成长。十个年头过去了，当年我栽在黄土地的嫩竹已经长大"成人"了。你看，她枝干挺拔，根基牢牢扎在肥田沃土之中；你看她身披霞光，节节向上！看着这"成人"的翠竹，怎能不忆起当年的青年朋友！亲爱的朋友啊，你们现在哪里？你们在做什么？

在这里——快读读每天的报纸，快听听每天的广播，快看看每天的来信吧！他们在四化建设的第一线；他们之中千千万万已经光荣地加入了无产阶级先锋队的行列，有些已经成为党的新干部；他们仍然在努力地工作，在顽强地学习！就是这些认识和不认识、熟悉和不熟悉的朋友、同志，使我们的党增添了新的血液，他们是又一代奋发向上的翠竹，他们是经历风雨成长起来的新竹，他们是当年井冈山翠竹的后代和未来。真的，他们不仅保持着当年井冈山翠竹的本色，他们还焕发着崭新的青春活力。

你看，像当年井冈山的翠竹深深扎根在人民群众的心里一样，如今的新竹沐浴着太阳的光辉，坚实的根基筑牢在人民群众的土壤里。大寨大队党支部书记郭凤莲同志，就是在生产斗争中成长起来的党的年轻干部。她当"官"不像"官"，心不离群众，身不离劳动。只要看看她手上的层层老茧，就会知道她同农民的感情何等深厚；只要看看她学习马列著作、毛泽东著作的笔记，就会知道她的奋斗动力从哪里来。就是她在党的阳光雨露哺育下带领农民改造虎头山，甩开膀子大干社会主义，使大寨的步伐迈得更大，使大寨的山川面貌更新……

是啊，一批又一批翠竹在现代化建设中成长起来，一批又一批无产阶级的先锋战士一代接一代，代代如潮涌。

自然界在时空中变化，人类在与大自然的斗争中发展，社会在继往开来中前进。历经风雨的翠竹，深知彩虹过后亦有风雨，它挺拔向上的枝干时刻准备迎击着新的疾风暴雨。我们党的年轻一代，正和老一代共产党员一道，肩负着解放全人类、实现共产主义的伟大历史使命，不断斗争，不断迎接新的斗争和新的胜利。我们的党必定会增添更多、更新鲜的血液，更加朝气蓬勃，更加兴旺发达！

奋斗吧，翠竹！成长吧，翠竹！在你们的身上寄托着中国未来的希望！

（原载于1976年7月1日《吉林日报》）

毛主席的得意之笔

毛泽东主席的得意之笔是什么？自从1966年8月31日我在天安门广场西华表处被毛主席接见半个多小时那个荣幸的时刻起，毛主席的著作、诗词和书法即同其伟大的形象一起铭刻于心。

他的四卷选集、七卷文集、百余首诗词及其书法珍品，我大都曾拜读过。回首往日，掩卷思索：毛主席的文章、诗词和墨宝篇篇都是经典。然而，其"得意之笔",究竟是哪篇呢?

直到2022年8月,我应邀赴遵义参加论坛会议之余,特意瞻仰了遵义会议会址,登上了娄山关,游览了赤水河两岸。在赤水河渡口迎面的墙上我看见了毛主席亲笔题写的十二个大字"四渡赤水才是我的得意之笔"。至此我方恍然大悟:毛主席的得意之笔,不是印在纸上,而是书写在"四渡赤水"的战场上。

《孙子兵法·虚实篇》云:"故兵无常势,水无常形,能因敌变化而取胜者谓之神。"

音乐舞蹈史诗《东方红》的歌词唱道:"四渡赤水出奇兵,毛主席用兵真如神。"

"四渡赤水"奇在哪里?神在何处?我带着这两个问题,逐一实地考察了"四渡"的渡口——土城、二郎滩、茅台、太平渡,参观了纪念馆、展览馆,访问了当地的农民,查阅了有关史料。

蒋介石在日记中曾写道:"此次用兵以来,未见有如此失败之甚也。""我军各部迟滞呆笨,被其玩弄欺诈,殊为一生用兵之耻辱。"

从蒋介石不得不承认的节节惨败的自白中,可窥见毛主席率红军"四渡赤水"屡战屡胜的神奇。

美国作家索尔兹伯里在其《长征:前所未闻的故事》一书中写道:"毛泽东故伎重演,而蒋介石却像巴甫洛夫训练出来的狗一样,毛泽东要他怎样,他就怎么样。"

1960年5月27日,英国陆军元帅蒙哥马利来华访问,在会见毛泽东主席的时候深表敬仰地说道:"毛主席亲自指挥的'三大战役'出神入化,可以与世界上任何伟大的战役相媲美。"

当时,毛主席却淡定地说:"四渡赤水才是我的得意之笔。"

从外国战略家和作家的评价中,可见毛主席对"四渡赤水"战役的英明指挥乃神来之笔。蒋介石纵然布下天罗地网也困不住巧施妙计的毛泽东。"四渡赤水"被中外名将称之为不可思议的"封神之战"。

"四渡赤水"已被纳入美国西点军校教材的经典战役。可是他们"照葫芦画瓢"复盘、推演了无数次,一次都没有打赢,即便是开了上帝视角,结局也是全军覆没。

若用《孙子兵法》《三十六计》分析之,毛泽东主席亲自指挥的"四渡赤水"战役,全程内含"十一计连环,计中套计"。

"四渡赤水",毛泽东主席认为是他的"得意之笔",中外名将誉之为"封神之战"。毛主席不是神,然而他神机妙算,机变如神。

若从史书上看,宋代大将军、大诗人陆游在《南唐书·宋齐丘传论》中写道:"世言江南精兵十万,而长江天堑可当十万;国老宋齐丘,机变如神,可当十万。"其中宋齐丘"机变如神"仅"当十万",而毛泽东"四渡赤水"一战就挡住了敌军40余万,让蒋介石"望江兴叹"。这足见毛主席的"机变如神"远超古人,史无前例。

毛泽东在《中国共产党在民族战争中的地位》一文中要求"共产党员应是实事求是的模范,又是具有远见卓识的模范"。"四渡赤水"之战将毛主席的远见卓识展现得淋漓尽致。

既然,毛泽东主席对外国名将称"四渡赤水才是我的得意之笔","四渡赤水"战役在中国革命战争中具有首屈一指的重要作用和伟大意义,在世界战争史上被誉为"最神奇光辉之一篇",是"封神之战",已被著名的美国的西点军校、俄罗斯的伏龙芝军事学院、德国的柏林军事学院作为经典教材;那么,四渡赤水的每个渡口理应树立标志,起码在当年红军渡赤水河的渡口处埋上一根石柱,上面刻上"红军由此渡河"。

2022年8月宋逊风赴遵义市考察红军四渡赤水遗址时在瞻仰毛泽东主席的题词

我在瞻仰"四渡赤水"渡口遗址时在同来的向导刘光美、胡鉴的带领下,实地察看了三个渡口,其中有两个渡口找不到红军渡河的确切地点。无奈之下,我只好问道于当地的农民。

在二郎滩渡口附近,我恰巧遇上收割芝麻归来的袁青华。当得知我是从北京特意来此地瞻仰"四渡赤水"的记者时,他热情地骑着电动车在赤水河两岸来回往返,带我到了红军当年上船、下船的真实地点。袁青华用手指着这堆凌乱的石头对我说:"这就是当年红军上船的地点,对岸远处那堆乱石滩就是红军上岸的地点。"临别时,他十分惋惜地告诉我:"原来红军渡河的遗址能够看得很清楚,后来因为修筑高速公路而损坏了原貌。"

宋逊风瞻仰"毛泽东由此渡河"石碑

在茅台镇附近找来找去,就是找不到红军当年上船的真实地点。正当我扫兴欲归之时,发现河里有一老一少在游泳。于是我沿着斜坡走到河沿,问那位父亲当年红军渡船处。他指着河岸上的大树说:"这棵树的位置就是原来红军拴绳系船过河的地方,以前的大树在毛主席、周总理、朱老总逝世后枯死了,现在这棵树是后来新栽的……"老汉说到此处,哽咽了,我也不好再深问下去了。然而，从以上的谈话可以看出，当地的群众对"四渡赤水"及三位开国领袖心怀深厚的情感，因为他们深知：如果没有当年的"四渡赤水"挽救了我党我军，没有革命的胜利，就不会有今天的幸福生活。所以他们看到被毁的渡口遗址感到痛心，而对恢复渡口遗址充满了期待。

现在，党中央提出"传承红色基因，赓续精神血脉"。

红色基因、精神血脉在哪里？在嘉兴南湖，在韶山，在井冈山，在瑞金，在湘江，在遵义，在赤水河，在延安，在西柏坡，在中南海……

要"传承红色基因，赓续精神血脉"，就要牢记这些红色的遗址，为此尤为必要树立红色的标记，切不可被损毁掉。修筑高速公路有必要，但是要知晓高速路的源头来自漫漫长征路，经历了四渡赤水河……因此绝不能忘记我党我军曾经走过的艰苦卓绝的征程，更不能忘记毛主席率领红军"四渡赤水"转危为安的英明而伟大的壮举……

（原刊登于《首都文学》2023年春季刊）

延安窑洞深情地诉说

今年盛夏的一个清晨，我走进思慕已久的延安窑洞，仿佛步入中国革命的历史殿堂，静静地体味那些身染战争风尘的实物和图片无声胜有声的诉说：这里是新中国的摇篮，这里蕴藏着革命精神的源泉……

延安的窑洞，是举世闻名的二万五千里长征的归宿地，是威震四海的抗日战争和解放战争的统帅部。那洞开的门扉，俨然在震天动地地向全世界庄严宣告：中国工农红军在毛泽东主席和中国共产党的英明领导下，以无坚不摧、无往不胜的大无畏英雄气概，战胜了国民党反动军队的围追堵截，翻越终年积雪的大雪山，涉过人迹罕至的茫茫草地，于1935年10月19日胜利到达陕北革命根据地。长征是一部气壮山河的伟大史诗，"长征是历史记录上的第一次，长征是宣言书，长征是宣传队，长征是播种机"。长征载着中国共产党人的革命精神，在二万五千里的漫漫征途播撒下革命的火种，在延安这块圣土扎根，开花，结果。

毛泽东、周恩来、朱德同志住过的窑洞，至今依然屹立在"盘龙卧虎高山顶"。看到那三座在黄土高原上非常普通的窑洞，环视延安市街的高楼大厦，我的眼睛情不自禁地湿润了——我们的老一辈无产阶级革命领袖以其陋居的无私奉献，换来了亿万人民的"广厦千万间"，便匆匆地离去；然而，他们的件件珍贵遗物，却给千秋万代留下了永不磨灭的宝贵的精神财富。

在毛主席当年住过的窑洞里，陈列着当年他穿过的一双青色的布鞋。毛主席就是穿着那双布鞋，从长征路上走到延安。看着那鞋上已被磨破露出的白色的布丝，我好像望见在皑皑的大雪山，顶风冒雪率部跋涉的革命领袖的高大身影，我仿佛望见转战陕北、东渡黄河的革命统帅脚下飞溅的浪花。毛主席穿了多年的那双布鞋上千缝百纳的条条线迹记录着他老人家走过的艰苦卓绝的革命征程，浸透着人民领袖艰苦朴素的伟大本色。

在周总理当年住过的窑洞里，一架木制的纺车静静地立在卧室的黄土地上。我目不转睛良久地凝视着，不由得心驰神往。蓦然，纺车仿佛渐渐地转动起来，飞旋起来。周总理面对纺车席地而坐，一手捋着线，一手摇着柄，聚精会神地操作着。纺车不断地传出"嗡嗡，嗡嗡"的旋律……

在这平凡而动人的旋律中，我似乎听到了毛主席那动地惊天的"自己动手，丰衣足食"的伟大号令，似乎听到了延安大生产运动的嘹亮的劳动号子，似乎听到了1941年春359旅健儿披荆斩棘、浩浩荡荡开进荒无人烟的南泥湾的铿锵战歌："一把镢头一支枪，生产自给保卫党中央……"

这平凡而动人的旋律，在全中国、全世界奏响了中国共产党领导的人民子弟兵，以其艰苦奋斗精神战胜了日寇的残酷"扫荡"，粉碎了国民党的军事围剿和经济封锁的最强音。

艰苦奋斗是中华民族的光荣传统，是立国之本，延安时期需要，新中国成立后需要；那么，在今天市场经济条件下又何尝不需要？！

在我沉思之中，悠然传来"我们是共产主义接班人……"的清脆悦耳的歌声。我走出窑洞，循声望去，一列列长长的少先队员队伍，高举着"星星火炬"的红旗，迈着整齐的步伐，朝气勃勃地向毛主席的窑洞走来了。他们瞻仰革命领袖旧居、学习革命传统的精神使我倍感欣慰。两眼挂着喜悦的泪花，恋恋不舍，十步一回头、百步一回顾地离开了这块革命的圣土。我站在高高的宝塔山上回眸远望，祖国花朵簇拥环绕的伟人窑洞，那洞开的门扉似乎在诉说：中国革命的传统、艰苦奋斗的精神后继有人，年轻的一代正在继往开来，建造社会主义现代化的摩天"窑洞"，正在迈向新的"长征"……

（原载于1996年9月7日《农民日报》）

十四、官运降临初心不动，坚守记者使命

2022年11月8日，我应农民日报社社长的邀请，在报社大礼堂给百余名近年新入职的编辑、记者作关于"百佳记者怎样炼成"的三个多小时的专题讲座。我讲完之后，有个年轻记者与我个别交谈时问了我一个问题："您采写的消息、通讯以及发起的全国大讨论，获得了好多'中国新闻奖'，您创办的《中国种业》《中外种业》为报社做出了很大贡献，您的职务为什么几十年都没有变化？"我回答他说："我的初心就是想当一辈子记者。"

1996年5月13日宜兴日报社首批记者岳鹏、余文桂、贾舒、杜坤强（由左至右）与特聘导师宋逊风（中）在拜师仪式上合影

那位年轻记者问我的问题，质言之就是：从事新闻工作是想走仕途，还是走业务之路？我觉得这是新闻记者和编辑在职业生涯的十字路口定向

和抉择的大问题。就我个人的经历来看,我本来有走仕途的客观条件和多次难得的机遇,但是我都没有动心去争取;也恰恰因为没走仕途,我才得以坚定不移当好记者的初心,坚守记者的使命。如果我沿着仕途走的话,也不会成为"百佳记者"。

我当记者的初心形成于两个阶段:一个是萌生阶段,一个是定向阶段。对我的初心形成的这两个阶段,恰如中国科学院副院长、中国科学院院士李振声先生为我的题词所概括的"兴趣始 毅力终"。

中国科学院副院长、中国科学院院士李振声亲笔为宋逊风题字"兴趣始 毅力终"

我在读初中的时候,"文学"与"汉语"两科是分开的。其中,我偏爱文学科,因为书里面有许多诗词、散文、通讯、故事,觉得很有趣味,也愿意背诵自己喜欢的诗文。升到高中以后,就只有"语文"和"作文"科了。因为面临三年后要选择专业考大学,需要提前确定主攻文科还是理科,然后将精力有所侧重。那个时代有个不成文的看法:数理化科成绩差的学生只好报考文史科大学,而数理化科成绩好的学生才报考理工科大学。我的数理化成绩并不差,全班50多人考试排名前十,如果按成绩来看我蛮有把握将来报考理工科大学。可是,我认为理工科毕业后除了搞科研就是搞工程,不能用自己的笔发表影响社会生活的文章。那时仅有此种类似自由撰稿人的想法,至于为谁而写、写什么并不明确,但我抱定了将来考文史类大学的志向。为此,我抓紧一切时间备考。早晚上学、放学在公交车上背古文,读散文。平时衣兜里装着64开的小活页本,遇上什么新鲜事儿就记在小本上,午休时在阅览室写成日记或短文。下午自习课教室里人多乱哄哄静不下来,我便跑到学校菜园子的农具库里背诵范文。农具库里到处是灰尘，我就先用嘴吹掉坐处的灰。久而久之，我养成了凡到一处便先吹吹的习惯。

高中毕业时，我报考了中文专业。因为我有兄弟4人还有1个妹妹，全家7口人仅靠父母加工便餐为生，所以我考取了月供17.5元（相当于普通工人一个月的工资）伙食、免费住宿、免学杂费、外加生活补助10元左右的东北师范大学中国语言文学系。

进了大学，我除了完成课业，第一年自己背诗，写诗，发表诗；第二年背散文，写散文，发表散文；第三年以后借助办报，搞报道，背论文，写评论，发表新闻。这就为毕业后搞新闻、当记者打下了文字基础。在省市报刊我成为大学生中的主要撰稿人之一，颇有一点儿名气。

大学毕业时，沈阳军区驻长春军部通过政治审查后已确定我毕业后即进军部机关成为政治部新闻报道干部。这是不期然而然的第一次"当官"的机遇。在同学看来，我简直是一步登天。大多数同学都羡慕不已。也有个别人出于嫉妒，给我使坏，结果我未能去军界搞新闻报道。后来，我被分配到沙丘碱滩的长岭县师范学校教中文。我的一位大学同班同学同情地对我说："你这是从天堂掉到地狱，要是我的话就得上吊寻死。"

那时节，正在上演现代京剧《沙家浜》，剧中人对话就是我内心的独白——胡传魁问阿庆嫂："阿庆呢？"阿庆嫂回话："这不是跟我吵了几句嘴，就到上海跑单帮去了，说是不混出个人样绝不回来。"我就是"阿庆"的想法：不混个出头之日，决不见父老乡亲。在我离开家门之际，我父亲宋佐珍、母亲曹志英和弟弟宋斌非要送我。我说："这次是去农村，就不用送了，等到我去北京的时候再送吧！"

我到长岭县报到先被分配到教育局。局长知道我是中文系毕业的，擅长写作，于是安排我写各种文字材料。不久，教育局有个从基层学校抽调上来的人为了讨好县军代表，就给我介绍军代表的侄女说："你要是成为军代表的侄女婿，将来能当大官。"我说："我不想当官，更不想攀亲结贵。"我婉拒了。后来教育局把我下派到地处农村的师范学校。因为该校归教育局直管，教育局可以随时调我回县城帮局长写材料。

我不想当官的观念，源于我高中、大学时期立志将来要当一名新闻记者的夙愿。所以，凡是遇事我都以此目标为尺子来掂量和做决定。譬如：大学时的同学给我介绍他夫人医院的医生，也就是现在的老伴李淑珍。第一次见面时我就对她说："你跟我处对象要有个思想准备，你的老家在长岭县，我是不能在这县里干一辈子的，我的奋斗目标是将来当新闻记者。我在这个县干几年就得去省新闻单位，在省里干几年就得去北京新闻单位。"她说我是"白日做梦"，我回答她"拭目以待"。（我俩的对话是当时社会上搞大批判的流行语）

我在师范学校教了两年中文后，被调到县教师进修学校辅导中小学教师三年。教育局党总支同意我填写《党员登记表》，在尚未经文教党委批准之际，中共长岭县委宣传部便急不可待地将我调入该部专职搞新闻报道（那个时代政治标准要求调到各级党委的工作人员首要条件则是共产党员，否则不准调入。我未被批准入党时就调进中共县委宣传部，纯属破例）。之后不久，县文教党委召开党委会讨论我的入党问题。在党委会上，党委书记李继德拿起办公桌上的《吉林日报》对大家说："请大家看一看今天省党报第4版宋逊风同志写的大半个版面的头条文章《翠竹青青》，通篇能够看出宋逊风同志对党的深刻认识和深厚感情。根据该同志的工作表现、思想觉悟及政治品德，我认为符合共产党员的标准。"与会的党委委员传阅了报纸上我写的那篇文章。全体党委委员一致举手同意我加入中国共产党，我成为一名党员。我万万没想到，我登在报纸上的那篇文章居然成了我入党的佐证；我更没有想到，《吉林日报》发行得那么广泛。后来我听该报的编辑说我那篇文章刊登在1976年7月1日，第1版登的是《人民日报》、《红旗》杂志、《解放军报》合刊的庆祝建党五十五周年的社论，本来发行60多万份，后来各地市县基层党组织作为学习材料不够用又加印了50万份，总共发行了110万份。我那文章是借了中央"两报一刊"社论的光了。几年后，省广播电台的同志陈向明到延边朝鲜族自治州的农民家采访，抬头看见顶棚上还贴着登有我那篇文章的《吉林日报》。

我被调到县委宣传部专职搞新闻报道工作以后，消息、通讯、评论等新闻作品在省级报刊接连刊登，一发而不可收了。

我在宣传部搞新闻报道的第三年，白城地区给长岭县新派来一位"青天"县委书记可沐云同志，他无论是写文章，还是作报告，从来不用秘书写稿子，都是亲力亲为，自己动笔。就是在这一年，吉林日报社与吉林省广播电台两个新闻单位的人事处长、编辑部主任不约而同乘同一列火车去长岭县竞相调我去他们单位当记者。在列车上相遇时争执起来，省广播电台的主任辩称他们三年前就来商调过宋逊风，让吉林日报社不要去挖他们的人才墙脚。吉林日报社的领导后来"忍痛割爱"把我让给了省广播电台。省广播电台的主任龙和春同志到长岭县找了他原来的学生、时任长岭县委副书记的贾书记（主管组织人事工作的）。贾书记与刘喜部长拿着我的档案去请示县委书记可沐云。可书记说了一句："宋逊风同志还是到省里发挥的作用大。"可书记这一句话，给我开了去省广播电台的绿灯，助我走上了记者之路。可沐云同志后来升任省人大常委会副主任。在省里遇到时我对他说："感谢您帮我说了一句好话，成全了我的记者梦。"他说："不用谢我，因为人才不是我个人的，而是党的、国家的人才。"我很感恩大公无私、胸怀大度的领导！

我尤其感恩在长岭县工作八年深入农村、接触农民的难得的经历，使我确立了为农民而写、写农民、为农民鼓与呼的初心和使命。

吉林省的长岭县，县名虽然有个"岭"字，其实无山无岭，无江无河，大片沙丘、碱地，十年九旱，风沙不断，是全省有名的贫困县。50年前，全县仅有一条油渣路，就连县城的街道都是土路，一到雨天就变成了泥泞的"水泥路"，路的两侧是一米多深、暴露的污水沟，上街必须穿胶皮雨靴走在泥路中央，稍不小心就会滑进路边的污水沟里，弄得浑身泥水，俨然"落汤鸡"。

我所任教的师范学校，地处距县城20多里外的荒草甸子。全校全是土坯房子，土盖、土墙、土炕、土地面。冬天取暖靠割柴草烧火炕。吃的是玉米面窝头、土豆白菜汤，除非年节改善一下伙食才能见到一点荤腥。起初，我以为只有学校生活如此困难。

我调到宣传部以后，时常到农村调查采访，亲眼见全县50多万的农民衣食住行还远不如我们城镇的工作人员。乡村农民在沙丘、碱地种粮，只能靠天吃饭，雨水多点就多打点粮，干旱少雨就少收成，除去卖公粮就刚够糊口，也剩不了多少钱。年复一年，面朝沙土碱地背朝干旱无雨天，年年如是，无力改善生活和居住条件。全县80%是农民，恰似全国农民的比率，20世纪70年代，全国10亿人口有8亿农民，其中有一半以上尚处于贫困状况。

农民是中国革命和建设的中坚力量，是中华人民共和国的脊梁，过去的红军、八路军、新四军以及现在的解放军绝大多数都是农民的子弟。没有共产党领导下的农民父老乡亲,就没有新中国,也不会有社会主义革命和建设的伟大胜利,更不会实现中华民族的伟大复兴。此外,民以食为天,农业是国民经济的基础,农民是农业的唯一主要的生产力,没有农民的辛苦劳动,国民经济就成为无源之水、无本之木、无根之基,是农民养育着全国干部职工和城市居民。所以,记者为农民鼓与呼是责无旁贷的天职,若不树此初心和使命就是数典忘祖,就是失职。

认识农民在历史和现实中的伟大作用,正视农民困苦的现状,使我逐步确立了为农民鼓与呼的初心和使命。

1978年我被调到吉林人民广播电台担任记者兼编辑以及1983年调入农民日报社任记者之后,便连篇累牍地采写并发表反映农民的呼声,宣传农民治穷致富的先进典型。譬如:《卖血村的变迁》、《蛤蟆塘村脱贫致富三部曲》(《吉林日报》全文转载,省委书记撰文推广为全省学习典型)、《公仆——双辽县信访干部王福顺为农民排忧解难的事迹》(《人民日报》全文转载)、《三门李村的新貌》(《人民日报》全文转载)、《明白人当家——双城村党支部书记王传景建设新农村的事迹》、《来自人参故乡的报告》(中央人民广播电台全文广播,并荣获单项奖)等200余篇通讯报道,先后被编入我的通讯、报告文学个人专集《寻觅》《青纱帐的明星》《他们在改变世界》,分别由时代文艺出版社、农村读物出版社、新华出版社出版发行。

宋逊风采写的通讯、报告文学三部专著

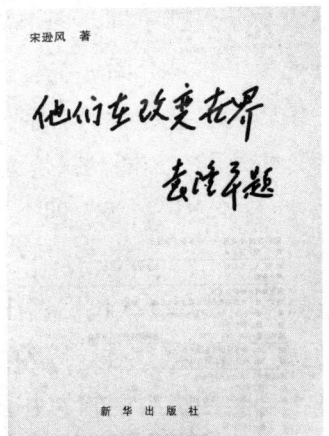

袁隆平为宋逊风著作《他们在改变世界》题的字

  1983年我被调入农民日报社任记者。次年中共中央农村政策研究室正式下发文件给各省委农村工作部，文件决定委托省委农村工作部考察驻省记者的任职资格。吉林省委农村工作部按照省内干部晋升副处级干部的常规草拟了《任职资格考察意见书》。但是由于该农村工作部事务繁忙，《任职资格考察意见书》拖延了半年也没按时上报中共中央农村政策研究室。可是全国其他省都已经报上去了，中共中央农村政策研究室急需统一下发批文，于是就征求农民日报社领导的意见。农民日报社领导权衡一下全国驻各省记者的工作表现和业绩，因为仅有我获得了"全国好新闻奖"，据此就建议中共中央农村政策研究室给我任记者站正站长职务。待中共中央农村政策研究室正式批文下发到吉林省委农村工作部的时候，该农村工作部管人事的领导才指示人事干部赶紧改为"正站长"上报中共中央农村政策研究室。就是这样，我在不知不觉中被中共中央农村政策研究室任命为"记者站站长"。这是我有生以来当的最大的"官"。

  在驻省记者站工作期间，由于我主动配合省委领导和省委农村工作部（后来改为农研室）的工作，及时采写省委农村改革的新经验并能领先于其他中央新闻单位在《农民日报》上宣传报道，同时我也将中央有关领导的意见随时反馈给省里领导，所以深得先后两届省领导同志的重视。省委副书记张根生同志（后来任中共中央农村政策研究室常务副主任）凡是下乡检查或调研都带上我随行采访。当初，我之所以能被调入农民日报社任记者，是农民日报社发现并考察认可后，报到省委领导审批的。那时，上报名单上有三个人：一个是农村工作部干部，一个是《吉林日报》编辑，再一个就是我。据省委领导的秘书事后介绍：主管宣传工作的省委副书记刘敬之分别在《吉林日报》编辑的名字和我的名字上各画了一个圈，省委副书记张根生在我的名字上又加画了一个圈。就是这样，我有幸被批准为《农民日报》（当时邓小平尚未题写"农民日报"四个字，原报名是《中国农民报》）的记者。

　　后来的省委书记高狄同志（其后任人民日报社社长、党委书记），曾是《江城日报》的总编辑，他更重视新闻宣传。因为我的记者站办公室在省委大楼三楼西侧，农村工作部部长回良玉同志的办公室跟我对门，高狄书记的办公室在三楼东侧，所以跟两位领导采访交谈都比较方便。1986年1月17日我采访高狄书记后写的消息报道保持政策的稳定性，维护农民合法权益》在《农民日报》头版头条见报，当天上午，中共中央宣传部特邀中共中央农村政策研究室主任、国务院农村发展研究中心主任杜润生给中央级报刊、广播电台及电视台的社长、总编辑、总编室主任作关于农村改革的报告。杜润生主任拿起了我写的关于高狄书记指出问题的报纸，给予充分的肯定和表扬。本报社长李千峰、总编辑张广友回社里传达后，我在报社就给高狄书记打了长途电话。不凑巧，高狄书记正在全省各厅局、部委及各地市县委"一把手"的大会上作报告。会务人员接电话问了我的单位和姓名，然后写了一个字条递给了正在作报告的高狄书记。高书记看到是我来的电话，暂停了讲话，离开会场接听了我的电话。我把中共中央农村政策研究室杜主任在中宣部大会上的表扬信息如实作了汇报。后来高书记的秘书告诉我，高狄书记接完我的电话回到会场就向全体与会人员转达了中共中央政策研究室领导对吉林省坚持党的政策、保护农民权益的做法给予肯定和鼓励。高书记在全省各级领导干部大会上传达了由于我的报道吉林省的经验被中央有关领导表扬的消息。这本身也是省委对《农民日报》及我的工作的认可和鼓励。省委及农村工作部的领导都认为我比较主动、密切地配合了省里的工作，对本记者站的工作比较满意。

　　就是在这种背景下，省委常委、农村工作部部长回良玉同志找我谈话，他希望我回到省里工作。他说："如果你同意的话，我在省委常委会上推荐你回省农业厅担任副厅长，然后高狄书记一拍板就成了。"当时，我没有表态，也没有驳回部长的面子，只是笑笑说"考虑考虑"。这是我走仕途的一个良好的机会，只要我愿意回省工作，当个副厅长似乎指日可待。可是我对官场不感兴趣，我也割舍不下我的记者职责，生活在社会底层的广大农民需要正直、有良心的记者为他们说话。官场不缺少一个厅官，可是，情愿一辈子为农民鼓与呼的记者并不很多。所以我宁愿过记者清贫的日子，也不去追求高官厚禄。

另外，从对社会的贡献来看，不可小视记者的作用。换言之，有作为的记者并不比一个厅长贡献小。一个厅长仅仅管辖全厅的工作，可是记者所造的舆论是影响全社会的，厅长何以能比？

还记得，当年我从被扔进垃圾堆的废稿里找出来一位平素孝敬老人的农村妇女因为简办父亲丧事而被打击围攻的求助信，我连夜编写成消息，并配写了《何为孝敬　何应谴责——"如何为'厚养薄葬'营造良好社会环境"讨论开篇话》，次日头条见报后，一石激起千层浪，在全国掀起了"厚养薄葬"大讨论的风暴，对破旧俗、树新风、建设精神文明起到了正能量作用。

还记得，当年党中央、国务院下拨给购种子的农民的补贴款，原来由财政部拨给农业部门，可是基层农业部门收到种子补贴款后并没有补发给农民，而且还把陈旧的种子发给农民。农民既没得到国家政策的实惠，也没实现增产、增收，甚至有些农业部门产生贪腐现象。针对此问题，我采写了一篇一位全国人大代表的访谈文章，借人大代表之口呼吁《良种补贴应公开公平公正——访全国人大代表、辽宁丹东农业科学院研究员何晶》在《农民日报》刊登后，农业部当年就改革做法，补贴款直补到购种农民手里。一篇文章促成改革，让农民真正得到国家给的实惠。如此作用，一个厅长何以堪比？

还记得，1998年我拟创办《中国种业报》，那时候农业部还没有种子处、种子局（司），国家也没有种子法。我去农业部征求意见，粮油处处长、处员都不感兴趣，劝我别白费劲，种企不成规模、不成系统，没什么内容可报道的，登了也没人看。后来，我找到农业部党组成员、农业司司长崔世安同志，他仔细听了我的办报方案，很支持我创办种业报。本报本来有个闲置的报号，但社领导对我办种业报不感兴趣。行政系统行不通，我便走市场途径。起初一家企业赞助，创办《中国种业》周刊以后，先后多达50多家种企竞相赞助协办；后来，吸引了美国种子贸易协会加盟赞助，改办成《中外种业》。原来没有"种业"这个词，我创办《中国种业》《中外种业》之后，种子公司相继改名或新命名为"种业公司"。创办种业周刊近20年来宣传扶植了50多家种企，从小到大，从弱到强，有相当一批种企在全国种子系统成为"中国种业100百强"。我所宣传报道的种子企业家，有的成为厅长，有的成为"时代楷模"。在我创办《中国种业》的两年后，国家才出台《中华人民共和国种子法》。在我创办《中国种业》《中外种业》后，农业部陆续成立了种子处、种子局、种业司。我创办《中国种业》和《中外种业》对种业的助力作用，恐怕不是一位厅长所能企及的。

在此后的采写和深入基层的实践中，我进一步坚定记者初心，坚守记者使命，为农民鼓与呼的初心和使命得到更加充分的践行，这个时期也成为我半个世纪以来新闻生涯中特大丰收的"黄金"时期。

在1993年不到半年时间里，我采写的新闻作品荣获两个全国的新闻奖。

那年6月中旬，我从读者来信中发现一件令人不可思议的怪现象：

正值备耕时节，农民急需覆盖禾苗的塑料农地膜，可是内蒙古自治区兴安盟的农户到处求购无货。而自治区农地膜定点生产企业乌塑厂被全区评为优质产品的400余吨农地膜（其中计划内的240吨）积压在厂内3个多月。曾荣获全市优秀企业家称号的厂长愤然质问：我厂按指令性计划生产的农地膜，专营单位为啥至今不来提货？我厂生产的计划外农地膜，计划部门为啥设阻不让外销？这人为造成的经济损失谁来负担？

对此现象，我综观全国农用生产资料生产厂家与政府管控之间的矛盾，认识到乌塑厂的问题在全国生资市场具有普遍性，是计划部门旧体制、旧观念不适应市场经济发展的新形势造成的。我认为，有必要在全国揭示这个矛盾，寻求解决矛盾的突破口。

于是，我撰写了一篇消息报道《"计划"与"市场"打架，乌塑厂卡在门槛——400吨优质农地膜人为积压，厂长问：经济损失谁来负担》，并配写了由"乌塑厂现象"开展大讨论的《编者按》。这篇报道及《编者按》于6月20日见报，当天中央人民广播电台、电视台予以全文播发，在全国引起强烈反响。来自全国各地发表意见的讨论稿，成篇累牍，一发而不可收。有生产厂家的，有生资部门的，有计划部门的；有省长的，还有农民呼吁的。这些讨论稿连续在《农民日报》刊登了多个版面，绝大多数稿件都是指责政府所辖的计划部门和生产资料单位不与时俱进，体制和观念滞后，必须尽快彻底转变，以便适应社会主义市场经济发展的需要；否则，将成为社会主义市场经济发展的绊脚石。

在全国大讨论的警醒启发下，兴安盟政府采取了彻底的改革措施。我应邀参加了兴安盟政府的改革举措研究会议。兴安盟付诸行动后，我又写了《拆除门槛》的大讨论结束的述评，刊登在《农民日报》。

我撰写的消息以及发起的全国大讨论，荣获了"全国社会主义市场经济新闻奖"。

1993年年末的一个周末，我乘长途公交车到吉林省双阳县采访农业丰收的报道。傍晚在招待所吃饭的时候我听县委宣传部部长与文化局局长谈话，局长说他正忙于协调各乡镇争抢县剧团的事。我听后觉得这是一个难得的新闻事件。于是，我决定周日不回省城了，连夜采访文化局局长，了解争抢剧团的细节和缘由。次日，我采访了剧团团长和主要演员，采访观看过演出的农民。回省城后，我撰写了一篇通讯《农民抢剧团》。其中通讯的开头是站在全国农村新形势与演艺界不适应农民需求的高度，提出"文艺团体及文艺工作者如何尽快转向农村文化大市场，适应即将兴起的农村文艺热"的全国普遍存在的问题。这篇通讯于12月9日《农民日报》头版头条见报，距离《"计划"与"市场"打架，乌塑厂卡在门槛——400吨优质农地膜人为积压，厂长问：经济损失谁来负担》那篇获奖消息报道还不到半年。

《农民抢剧团》见报后，中央人民广播电台、中央电视台当天播发，引起了广大农村和文艺界的强烈反响。一些县领导提出："双阳县抢剧团，我们县剧团怎么办？"双阳县评剧团由此通讯出了大名，到省内外演出时观众都知道是《农民抢剧团》中提到的剧团。我采写的《农民抢剧团》通讯，于1994年荣获"中国新闻奖"。

也正是1994年，中共中央宣传部发布文件在全国范围内评选首届"全国百佳新闻工作者"。其中有一条硬性标准：近两年来荣获过国家新闻奖。我恰恰符合这个硬性标准。报社自下而上逐层投票，据领导说我以高于第二名4票而被选中。之后，评选名单又上报到由诸家中央新闻单位的社长、总编辑组成的评委会，不记名投票最后确定：记者50名、编辑40名、评论员10名。我有幸入选首届"全国百佳新闻工作者"。

首届"全国百佳新闻工作者"奖牌

1999年中共中央宣传部发文,决定从首届"全国百佳新闻工作者"中选择10名组成"中国新闻代表团"访问美国。我有幸成为"中国新闻代表团"成员,成功出访,并征得美国种子贸易协会赞助我创办的《中外种业》5万美金。

回首30年前,我在担任《农民日报》记者站站长的时候,还遇到一次"升官"的机会:中央农村政策研究室准备任命我为《中国土地报》社总编辑。但是我社一名退休后返聘到《中国土地报》社的并不了解我的人对该报社领导说:"宋逊风太老实,并不适合担任总编辑"。几天后她可能觉得自己所言不当,又主动找到我,让我去给领导解释一下。对于此事,我并未理睬。如果我当时去找领导解释一下,或许就走马上任《中国土地报》社总编辑一职了。倘若如此,其后的"中国新闻奖"和"全国社会主义市场经济新闻奖"可能就与我无缘了;继而,首届"全国百佳新闻工作者"我亦无资格入选。那将成为终生的憾事。再后来1996年我也无机遇发现并编发《简办丧事反遭打击围攻 农家女投书本报讨公道》的消息报道及配写《何为孝敬 何应谴责——"如何为'厚养薄葬'营造良好社会环境"讨论开篇话》,也无法发起和组织长达4个月的全国大讨论,自然也就不会荣获"中国新闻奖"。继至两年后,便也无机会创办《中国种业》《中外种业》，并在世界种子大会上展出，更不能在世界种业论坛发表讲演……

有人认为，仕途宽广无限，前途无量。我却以为，仕途有限，而且存在种种局限。与此相反，记者的平台无限大，可以大到全国，乃至全世界。凡是新闻都可以采，凡是正能量的人或事都可以写，凡是有益于人民权益的问题都可以呼吁，凡是有利于人类和平发展的事项都可以助力。

只要坚定为人民鼓与呼的初心，坚守党赋予记者的使命，掌握唯物认识论、辩证法，强化新闻敏感性，增强预见性，练就采写硬功夫，寻觅并抓住机遇，就会在记者的平台演出精彩闪光的话剧。

祝愿并期望我国涌现更多真心实意、终身为人民鼓与呼的名记者！

2001年2月13日在中加经贸合作大会上，加拿大总理让·克雷蒂安（左）接见宋逊风

十五、"今夕是何年？今夕何夕？"

——变刻苦奋斗为快乐享受的人生哲学辩证法

1985年农民日报社从万寿路农业部招待所院内的一个单元的家属住宅楼搬迁到朝阳北路十里堡的平房不久，驻外省记者站的记者来京开会或者送改稿件均暂住在附近壁板厂招待所，写稿、改稿在平房的记者部编辑室。

那年夏天，我来报社修改稿子，一直改到深夜，忽然下起了倾盆大雨。我没有雨具回不了报社外面的住处，便在记者部编辑室继续改稿。改到凌晨实在困了，就把四个木板凳子拼起来当床睡下。

那时候，报社周围还是一片庄稼地，夜晚蚊子特多，我刚一躺下，蚊子就"嗡嗡"叫着袭来。我被蚊子咬得睡也睡不着，被逼无奈，没有蚊帐就用报纸一张挨着一张地往身上盖，从头到脚盖满了《农民日报》，一直睡到第二天快上班的时候。记者部的刘占绵和王子儒同志来得早，他俩打开门一进屋，我突然惊坐了起来，报纸"哗啦哗啦"一响，把他俩吓了一跳。他俩万万没想到：报纸底下怎么还躺着一个人……

还有几次是为了给总编室赶写次日急需编排的稿件，我晚上加班到午夜，壁板厂招待所的大门早已关闭，无奈只好在记者部编辑室睡木凳、盖报纸过夜。

在《农民日报》初创时期，有一种艰苦奋斗的精神在激励我，即便是报纸当蚊帐，木板凳当床，也不觉得苦，反倒觉得是一种乐趣。类似通宵达旦地写稿、改稿，几十年来对我来说已经是习以为常了。

1989年初春，内蒙古自治区兴安盟的草原发生大火灾，我连夜赶去采访。为了查看火情，了解扑救火灾的场景，我直奔第一线的火场。刚刚进入现场，我就发现那里烟雾弥漫，就像汪洋大海无边无际，辨不出方向。开始时，我跟扑火的武警战士在一起，但是火场的烟雾随风飘移，方向不定。忽然，烟雾涌过来，把我淹没了，我慌忙无措，拼命挣扎，也跳不出烟海。后来一名武警战士跑过来把我找到了，用手一把将我拽出了烟海，拖到了安全地带。如果武警战士再晚来一分钟，我就在烟海里窒息了，为新闻事业捐躯了。

1998年我创办《中国种业》（2000年更名为《中外种业》）以后，专门成立了编辑部，报社任命我为主编，每周1期，每期4版，除了4名编辑同志采编稿，重要稿件我平均每月要采写一两篇，我还要审阅4个版面的版式和内容。

起初，我还兼任群工部主任，部里8名编辑，我还要负责每周1期的《读者之声》版及我创办的为党中央、国务院有关领导不定期提供的《上送件》的编审工作。

全国开什么有关会议，举办业内活动，或者外地有什么新的典型、新的技术、新的成果，我还要忙里抽闲利用双休日和节假日提前去，提前回，忙得真是不可开交。

我审查完毕每期版面签字时，大都超过了下班时间。凡是《中外种业》周刊付印的当天，我一般都改稿、校稿到夜里10点多才离开报社，赶乘末班公交车回家，就连末班车的司机都认识我了。有时夜班排版工临时发现版面问题打来电话，我还得连夜赶到报社及时处理。

我时常从早上忙到晚上没出编辑室，当时恍惚，也不知道是早晨还是夜晚了。我油然忆起宋朝张孝祥的词句："扣舷独啸，不知今夕何夕？"

就是这样，朝夕忙，岁岁忙，一直忙了几十年。有几次版面稿件审阅到下班以后，也不记得是几月几号了，还在埋头看版。大平面编辑室的管理员清理房间发现我还没走，就喊我："宋主编，明天元旦放假了，你怎么还不走？"这时我才如梦初醒：又过新年啦！瞬间，脑海浮现出大文学家苏轼的名句："不知天上宫阙，今夕是何年？"

回首半个世纪的新闻生涯，我总是没白天没黑夜地忙碌，没节日没假日地自我加班。事业单位每人每年都有年假，带薪休假15天，可我从来没休过年假。

我的子女宋扬清、宋佳音、宋达治都埋怨我："您来到这个世上，就是来受苦受罪的。"然而，回望大半生我却没有受苦受罪感，反倒觉得乐在其中，也许是不自觉地进入了"忘我无我"的境地……

由此我蓦然记起著名诗人郭小川在我珍藏的康濯所著的《创作漫步》

一书的扉页上,亲笔题写的警句"生活就是斗争",亦忆起马克思定义的"快乐——一种心理欲望得到满足时的状态。"

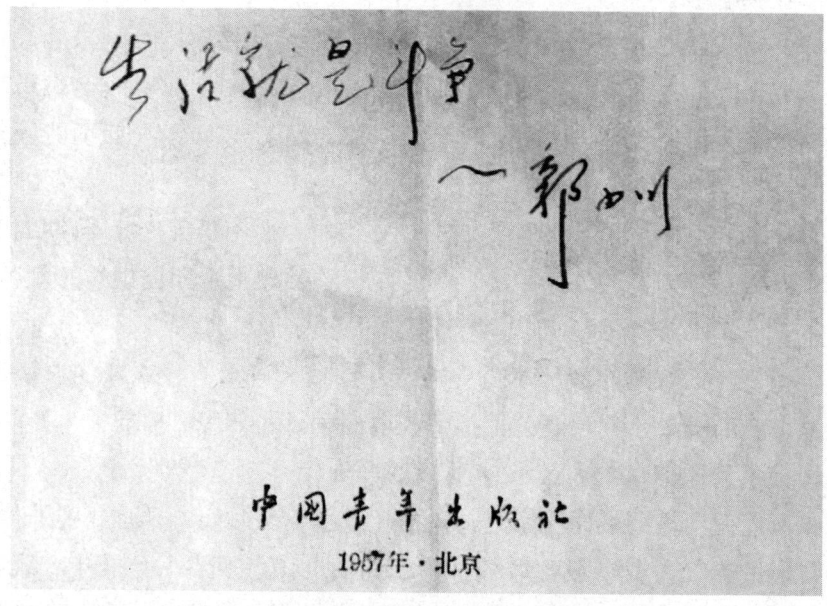

郭小川在《创作漫步》书的扉页上题写的警句

我认为,生活的快乐享受属于精神,在生命的旅途中将刻苦奋斗变为快乐享受乃精神对物质的胜利。这便是我所体悟的人生哲学之辩证法……